AF298834

PARIS. — IMPRIMERIE GAUTHIER-VILLARS

55, QUAI DES GRANDS-AUGUSTINS, 55

LES AFFAIRES

DE

TUNISIE

—

DISCOURS

DE

M. JULES FERRY

PUBLIÉS

AVEC PRÉFACE ET NOTES A L'APPUI

PAR

M. ALFRED RAMBAUD

PARIS

J. HETZEL ET Cie, ÉDITEURS

18, RUE JACOB, 18

—

Tous droits de traduction et de reproduction réservés.

PRÉFACE

Après l'effondrement de 1870 et pendant bien
des années, la République naissante n'eut pas et ne
pouvait avoir, à vrai dire, de politique extérieure.
On vécut uniquement de recueillement et d'abstention. Le Congrès de Berlin a fait rentrer la France
dans le concert européen, et il suffit aujourd'hui
d'ouvrir les yeux pour se convaincre que la République ne serait qu'un gouvernement diminué si elle
se préoccupait uniquement de maintenir l'ordre et
la liberté à l'intérieur, et si elle ne montrait également son aptitude à diriger les affaires extérieures
de la France. Un grand pays que sa position géo-
graphique, ses intérêts, ses espérances mêlent nécessairement à tout le mouvement européen, une
puissance qui n'est pas seulement continentale,
mais méditerranéenne, ne saurait se renfermer dans
un isolement périlleux, dans une inaction systéma-

tique. On lui en donne cependant le conseil, des deux pôles opposés de l'opinion. Chose étrange, et que les derniers événements ont fait clairement apparaître, ce ne sont pas seulement les partis monarchiques qui font tout ce qu'ils peuvent pour empêcher la France républicaine d'avoir une politique étrangère. De la part des anciens partis, ce souci est naturel : une de leurs thèses favorites, c'est, en effet, de soutenir que la forme même du gouvernement démocratique, son instabilité nécessaire, ses habitudes de publicité illimitée, le rôle prépondérant de l'opinion, ce maître capricieux et absolu, ne se prêtent en aucune façon aux conditions essentielles d'une action diplomatique sérieuse et suivie. La Monarchie, selon eux, est seule capable de fixité dans les vues, de fermeté dans les desseins, de stabilité dans les alliances. Les monarchistes sont dans leur rôle quand ils proclament l'impuissance républicaine. Mais les républicains soi-disant avancés y feraient croire, quand ils se posent en apôtres d'une politique d'abnégation excessive et d'effacement de parti pris. On se souvient de leur attitude dans l'automne de 1880, à l'occasion de la démonstration navale devant Dulcigno, de ces protestations violentes, de ces tentatives de manifestations populaires, de cette émotion démagogique et tapageuse pour des périls imaginaires; on n'a pas oublié non plus l'interpellation soulevée peu après par l'extrême gauche au sujet de fusils vendus à destination de la Grèce.

Ces deux incidents ne valaient pas certainement le bruit qui s'est fait autour d'eux; mais déjà ils mettaient curieusement en lumière l'état d'esprit de certaines portions de la démocratie, et cette humeur furieusement pacifique, cette politique violente dans la forme, timorée dans le fond, qui devaient, à quelques mois de là, s'attaquer, non sans succès, cette fois, ni sans retentissement, à l'expédition de Tunisie.

L'Empire a dégoûté notre pays des aventures. Les désastres d'une guerre insensée, entreprise sans alliances et sans préparation, ont développé dans les masses profondes de la nation ce culte obstiné de la paix que les républicains de l'époque chevaleresque reprochaient si amèrement à la bourgeoisie de 1830. En quarante ans, les révolutionnaires ont bien changé! Ils représentaient autrefois la témérité nationale, ils avaient l'idolâtrie de la grandeur française. Ceux d'aujourd'hui exploitent sans vergogne les instincts positifs et égoïstes de notre époque industrielle. C'est ainsi que la presse radicale a pu momentanément pervertir l'esprit public au sujet des affaires de Tunisie. Ce déchaînement soudain et inouï contre une entreprise que tout le monde, à l'origine, avait jugée nationale et nécessaire, cette tempête de malveillance et de mensonges, de fausses alarmes et de fausses nouvelles, cet affolement du public en face d'incidents et de difficultés médiocres, en somme, qui demeuraient même au-dessous de la moyenne traditionnelle des guerres africaines, l'émotion qui gagnait la place publique, les meetings « d'indignation », le parti pris universel d'exagérer les mécomptes jusqu'à l'absurde et de nier ou de déprécier les résultats, tout, jusqu'au scandale des acquittements, atteste sans doute la violence et la force des partis, le défaut de sang-froid, la puissance des journaux à un sou, l'inexpérience et la naïveté des foules aux mains des charlatans qu'elles acclament et qui les trompent ; mais il y a autre chose, et le mal est plus profond : il semble que certaines cordes ne vibrent plus comme il faudrait, qu'un certain esprit, qui régnait autrefois, soit affaibli et en quelque sorte détrempé. Ainsi, au temps de la conquête africaine, durant ces dix-huit années de combats, qui furent aussi des années de discussions constantes et d'ardentes polémiques, l'Algérie avait pour elle la grande popularité nationale, contre elle le parti des sages dans le Parlement ; c'est en s'appuyant sur l'opinion du dehors, sur le sentiment national, que tous les hommes d'État du gouvernement de Juillet, M. Guizot aussi bien que M. Thiers, M. Molé comme le duc de Broglie, ont eu raison, année par année et en quelque sorte étape par étape, des défaillances et des hésitations de la Chambre des députés. Aujourd'hui la situation est renversée : l'Algérie est faite, mais elle n'est plus populaire ; il ne ferait pas bon la mettre aux voix à

l'Élysée-Montmartre. L'abandon de la Tunisie serait le minimum des exigences chez ces doctrinaires
d'un nouveau genre; à plus forte raison la France ne
devait-elle, d'après eux, se soucier ni de l'Égypte,
ni des Grecs, ni de la question d'Orient, ni de la
Méditerranée; elle n'avait que faire au Congrès de
Berlin. L'idéal, c'est le renoncement diplomatique
et la suppression de la diplomatie, faisant pendant
à la suppression des armées permanentes, — un des
articles les plus osés du programme de l'intransigeance; dans cet ordre d'idées, il n'y a que le premier pas qui coûte, et l'on ne voit pas bien, en
somme, à quoi il sert d'être si fort, si l'on est bien
résolu à tout laisser faire et à toujours rester chez
soi.

Heureusement, contre l'assaut des idées fausses
et des sentiments médiocres le bon sens français
tient ferme et la fierté nationale n'a pas abdiqué. La
France ne se résignerait pas de gaieté de cœur à
jouer dans le monde le rôle d'une grande Belgique.
Ne se mêler de rien est pour elle aussi mauvais que
se mêler de tout. L'étranger ne prendra jamais le
recueillement de la France pour de l'indifférence,
et la solitude orgueilleuse ou timide qu'elle s'imposerait au milieu de l'Europe la rendrait aisément
suspecte à ses voisins. C'est qu'en réalité rien de ce
qui se passe en Europe ne saurait la laisser froide.
Est-ce au règlement de la question d'Orient, aux
conséquences territoriales, aux contre-coups poli-

tiques et moraux des démembrements successifs de l'Empire ottoman, que la France pourrait demeurer sérieusement indifférente, elle qui tient sous son pouvoir une partie si importante et si remuante du monde musulman? Maîtresse de plus de cinq cents lieues de côtes dans le bassin de la Méditerranée, est-ce qu'il ne lui importe pas de savoir en quelles mains peuvent tomber quelque jour Constantinople et les détroits? Lui est-il égal que l'Égypte, où tant d'intérêts français sont engagés, demeure sous le protectorat économique et l'action civilisatrice de la France et de l'Angleterre cordialement unies, ou qu'elle redevienne un foyer d'anarchie barbare et de fanatisme religieux? Tout cela était naguères l'ABC de la politique française. La politique républicaine n'y peut rien changer; ce ne sont point là des intérêts dynastiques et passagers, des préoccupations rétrogrades, le rôle d'une nation agitée ou belliqueuse; c'est la gestion même et la défense du patrimoine national tel que l'ont fait la nature et l'histoire.

Les colonies sont la partie la plus chèrement acquise et non la moins importante de cet héritage. Si la République ne peut se passer d'avoir une politique européenne, orientale, méditerranéenne, il lui faut, pour des raisons analogues, une politique coloniale: ce qui veut dire qu'on ne doit être, de ce côté, ni oublieux, ni inattentif par dédain ou par lassitude, mais vigilant, actif, résolu à faire tous les sacrifices

que la nécessité commande pour la conservation
des établissements anciens ou récents, qui concou-
rent, à des degrés divers et sous les latitudes les
plus différentes, à l'expansion du nom français à
travers le monde. Ces sacrifices n'ont pas toujours
l'heur de plaire aux générations présentes : l'avenir
en fera mieux voir l'à-propos et le bienfait. Une
politique coloniale est essentiellement une politique
à longue portée. Telle possession, d'acquisition récente et coûteuse, telle épave lointaine de cet empire
d'outre-mer, perdu par Louis XV, dédaigné par Na-
poléon, peuvent sembler aux calculateurs impatients
des objets de luxe, inutiles à conserver. Mais ce sont
là de petits calculs et de la politique à courte vue.
Nous ne voyons personne s'y adonner autour de
nous. Que le drapeau français, par exemple, se
retire du Tonkin, comme plusieurs le conseillent,
et l'Allemagne ou l'Espagne nous y remplaceront
sur l'heure. La concurrence est de plus en plus
ardente entre nations européennes, pour se disputer
ces débouchés lointains, ces stations aux portes de
la barbarie, qu'un instinct sûr indique à la vieille
Europe comme les têtes de pont de la civilisation et
les voies de l'avenir. Les nécessités d'une production
industrielle incessamment croissante, et tenue de
s'accroître, sous peine de mort ; la recherche des
marchés inexplorés ; l'avantage (si bien défini par
Stuart-Mill) qu'il y a « pour les vieux et riches pays
de porter dans les pays neufs des travailleurs ou des

capitaux »; les tendances, si rapidement développées par la vie moderne, qui emportent les individus et les peuples hors de chez eux; la science qui met à quelques heures de Londres, de Berlin ou de Paris les extrémités du monde; les progrès manifestes de la sociabilité européenne et des idées pacifiques, tout pousse les nations civilisées à transporter sur le terrain plus large et plus fécond des entreprises lointaines leurs anciennes rivalités. Est-ce le moment pour la France de rentrer chez elle, de se replier sur elle-même, de se confiner dans la politique sédentaire, la politique de coin du feu, qui marquera dans le siècle prochain les peuples frappés d'infériorité ou menacés de décadence? Nous rêvons pour elle d'autres destinées. Il n'y a rien à retrancher, rien à dédaigner, rien à laisser en friche dans notre domaine colonial. Il faut le conserver et le féconder, il faut l'étendre partout où il est manifeste qu'étendre est le seul moyen de conserver.

Le cabinet qui a dirigé les affaires de la République du mois de septembre 1880 au mois de novembre 1881 s'est attaché à conformer sa conduite à ces vues générales. Il a eu à prendre parti dans deux questions vitales pour l'avenir colonial de la France : la question tunisienne, assurément la plus grosse, la plus difficile, et la question du Tonkin, qui, pour être heureusement moins dramatique, n'en est pas moins de la plus haute importance. Le protectorat français au Tonkin, c'est la sécurité de la Cochinchine, comme Tunis est la garde avancée de l'Algérie. C'est à peu de frais qu'a pu être renforcé le protectorat des bouches du Song-Koï; ce qui importait là, et ce qui suffira vraisemblablement, c'est d'affirmer, par une action répressive plus énergique, notre volonté de ne laisser à personne la police de ces parages; il fallait couper court, là comme ailleurs, à la légende qui s'accréditait de par le monde d'une France résignée et démissionnaire, vouée depuis ses désastres à une retraite contemplative et impuissante. La tâche a été plus rude en Tunisie: le péril était beaucoup plus grand et l'action plus nécessaire. Là aussi une longanimité excessive et l'abus des démonstrations pacifiques avaient porté leurs fruits naturels, et notre prestige en avait étrangement souffert. Les événements et incidents de tout ordre qui se sont passés dans la Régence de 1880-81 (et dont ce volume peut fixer le souvenir), renferment une grande leçon de politique pratique. Ils nous ont fait voir que, pour retenir les gouvernements orientaux dans une dépendance nécessaire, les bons procédés, les liens de l'habitude, la bienveillance ne suffisent pas; la tolérance peut être un danger. Un protectorat purement moral est la plus fragile des barrières, la moins sûre des garanties. Parmi les détracteurs les plus ardents de l'expédition tunisienne, combien supporteraient l'idée d'y voir un voisin à notre place? Aujourd'hui le pro-

tectorat formel est constitué par le traité du Bardo;
la porte est fermée aux fantaisies d'insoumission
comme aux intrigues du dehors. Dans une campagne de deux mois, que l'impatience publique a
trouvée tardive, mais qui s'est accomplie à l'heure
dite, sans à-coup, sans revers, avec une sûreté
d'exécution et une ampleur de moyens qui ont souvent fait défaut aux guerres d'Afrique, la pacification a été assurée et le prestige des armes françaises glorieusement rétabli jusqu'aux confins de la
Tripolitaine. Ce double résultat, si important pour
l'avenir colonial de la France, sera l'honneur du
cabinet du 23 septembre 1880.

                                        Janvier 1882

ERRATUM. — Page 71, 7ᵉ ligne, au lieu de : *l'Enfida transféré*,
lisez : *l'Enfida qu'on essaye de ravir*, etc.

DISCUSSION DES INTERPELLATIONS

SUR LES

AFFAIRES DE TUNISIE

A LA CHAMBRE DES DÉPUTÉS

I

Discours prononcé dans la séance du 5 novembre 1881

(Présidence de M. Brisson.)

M. Jules Ferry, *président du conseil, ministre de l'instruction publique et des beaux-arts.* Messieurs, la Chambre a compris pour quelles raisons j'ai désiré faire précéder cet important débat d'explications préalables.

Mandataire de la dernière Chambre, le Gouvernement doit rendre ses comptes à la nouvelle. Attaqués très vivement depuis plusieurs mois, nous savons clairement quels griefs il convient de dédaigner, quels griefs il importe de retenir ici. Enfin, la polémique que la guerre de Tunisie a suscitée dans le pays depuis deux mois semble avoir jeté dans certaines parties de l'opinion un si étrange désarroi, on y constate un état d'esprit à la fois si violent et si trouble, qu'il y a avantage, tout le monde en conviendra, pour la clarté du débat, pour le bon ordre de la discussion, à ce que le Gouvernement en rappelle ici tout d'abord les termes et en définisse le terrain.

Messieurs, dans cette polémique, on peut reconnaître nettement deux ordres d'attaques, deux campagnes, et, dans ce grand procès, on discerne clairement deux procès distincts. Il y a d'abord le procès fait au Gouvernement. Oh! c'est un lieu commun de discussion, à l'heure qu'il est, de dire que jamais gouvernement n'a accumulé dans une affaire autant de fautes politiques, diplomatiques et militaires.

Là-dessus, messieurs, nous répondrons : nous répondrons collectivement, nous répondrons individuellement. Heureusement, la procédure parlementaire n'est pas la procédure des réunions publiques et des meetings dits d'indignation ; ici, il ne suffit pas de jeter ses adversaires à la porte pour les réfuter, il faut monter à cette tribune, préciser les faits et les prouver. (*Très bien ! très bien ! — Applaudissements sur plusieurs bancs.*)

Mais, messieurs, n'y a-t-il dans ce débat qu'un procès fait au Gouvernement qui est encore assis sur ces bancs ? Il est trop clair qu'il y a autre chose ; c'est l'expédition de Tunisie en elle-même qui est visée ; ce sont ses origines que l'on cherche à déshonorer ; c'est sa nécessité que l'on conteste.

C'est donc la Chambre qui l'a votée, l'ancienne Chambre que l'on vise par-dessus la tête du cabinet...

M. CUNEO D'ORNANO. Très bien ! C'est vrai ! (*Rumeurs à gauche.*)

M. AMAGAT. Non pas ! non pas !

M. LE PRÉSIDENT DU CONSEIL.... car c'est la majorité de l'ancienne Chambre, l'immense majorité de cette Chambre qui a fait l'expédition avec nous... (*Dénégations à droite.*), qui l'a voulue, qui l'a ratifiée, qui a voté le traité de garanties, qui l'a acclamé...

M. Cuneo d'Ornano. C'est vrai !

M. Janvier de la Motte. Parce qu'elle a été induite en erreur.

M. le président du conseil. Ce procès-là, messieurs, me paraît de beaucoup le plus grave. Frapper les ministres, les renverser, les blâmer, c'est peu de chose ! On trouve toujours des ministres !

M. Amagat, *dans l'hémicycle.* Qu'ils tombent seuls ! (*Mouvements. — Rumeurs au centre.*)

Voix nombreuses au centre. — A vos places ! à vos places ! (*Bruit et interruptions sur divers bancs.*)

M. le président. Messieurs, je sollicite la Chambre, au début de ce débat si grave, de ne point saisir les moindres incidents comme prétexte d'agitation, et d'écouter en silence le Gouvernement, auquel il est demandé des explications.

La liberté la plus complète étant assurée pour lui répondre, ces interruptions prolongées n'auraient point de signification. (*Marques d'assentiment.*)

M. le président du conseil. Je disais, messieurs, que c'est peu de chose que l'existence d'un cabinet ; mais les intérêts permanents du pays, mais la politique nationale, mais l'honneur de la République et de la France compromis, nous dit-on, devant l'Europe, ce sont là des intérêts de premier ordre et sur lesquels il faut tout d'abord nous entendre. (*Très bien ! très bien !*)

La première question que vous aurez à vous poser dans ce débat est donc celle-ci : Désavouerez-vous la majorité qui vous a précédée sur ces bancs ? Que dis-je ! vous désavouerez-vous vous-mêmes ?

Voilà un premier point, de beaucoup, je le répète, le plus important, car c'est le seul qui touche véritablement à un grand intérêt national.

Messieurs, ce n'est pas sans une profonde surprise et — oserai-je le dire? — sans un peu d'humiliation que je me vois dans la nécessité, à une date si rapprochée des événements, de rappeler à cette tribune que l'expédition de Tunisie a eu des causes nationales et qu'elle a répondu à des nécessités patriotiques.

M. Janvier de la Motte. Je demande la parole. (*Rires et exclamations à gauche.*) Cela vous gêne?

Voix à gauche. Non! non!

M. Janvier de la Motte. Alors, ne dites rien!

M. le président. M. Janvier de la Motte est inscrit, messieurs.

M. le président du conseil. Sommes-nous donc, messieurs, comme on se plaît souvent à le dire, un peuple si oublieux? Est-ce que l'histoire de ces événements n'est pas encore gravée dans toutes vos mémoires? Est-ce que, pour nous reporter seulement à la date la plus récente, à la journée du 29 juillet, par exemple, où l'ancienne Chambre se séparait, est-ce que vous ne vous rappelez pas l'état moral et de la Chambre, et de l'opinion, et du pays? Est-ce que ce n'était pas un état d'entière confiance? (*Dénégations sur quelques bancs à droite.*)

Oui, messieurs, d'entière confiance et d'une vraie confiance; non point d'une confiance fondée sur des illusions, car, ne l'oubliez pas, à cette date du 29 juillet, la question tunisienne, qui avait eu sa période de succès et de facilités, était entrée depuis assez longtemps déjà dans l'ère des difficultés. Ah! je comprends qu'au lendemain du traité du Bardo, cette confiance de la Chambre et du pays eût pu être taxée de facile illusion. Mais à la fin de juillet, en présence des événements qui venaient d'éclater dans la régence, cette confiance, mise à l'épreuve, devait être raisonnée et raisonnable.

Rappelez-vous qu'à cette époque l'insurrection était déjà maîtresse dans le sud de la régence. C'est le 28 juin que la ville de Sfax s'était soulevée, ou plutôt qu'elle avait été attaquée et pillée par les bandes arabes. C'est le 16 juillet, vous présents, qu'elle était vigoureusement et glorieusement enlevée par nos troupes de la marine et de l'armée.

C'est à la même époque précisément que des renforts importants étaient envoyés en Tunisie, que Gabès et l'île de Djerba étaient occupées. Vous étiez tous ici présents et confiants! Pourquoi confiants? Ah! c'est que vous étiez à ce moment-là, comme la France tout entière, sous l'empire du sentiment très vif, très raisonné, d'une grande nécessité nationale.

Est-ce qu'alors vous vous trompiez? Est-ce que l'opinion publique s'égarait? Est-ce qu'il était faux que le protectorat tunisien fût une nécessité politique et une garantie indispensable à la sécurité de l'Algérie? Est-ce qu'il était contesté, sérieusement contesté, que cette expédition fût une expédition politique, purement politique, justifiée par un grand intérêt national?

A cette époque-là, je fais appel à vos souvenirs, personne ne le contestait.

Quand, à la séance du 12 avril, sur l'interpellation de l'honorable M. Janvier de la Motte, un membre de la droite, M. Lenglé, jetait pour la première fois dans le public cet outrageant rapprochement de Jecker et des affaires mexicaines, vous rappelez-vous la leçon sévère qui tombait de ce fauteuil, et comment l'honorable membre, embarrassé et balbutiant, finissait par se rétracter? (*Approbation au centre et à gauche.*)

M. Cuneo d'Ornano. Il n'a rien rétracté. Les événements l'ont justifié, au contraire.

M. le président du conseil. Je sais que les temps sont bien changés! Aujourd'hui, la campagne menée par la droite a trouvé des renforts inattendus dans l'extrême gauche. (*Protestations à l'extrême gauche.*)

Sur plusieurs bancs à gauche. C'est vrai! c'est vrai!

M. Janvier de la Motte. Cela prouve que nous voyons clair.

M. le président du conseil. Le parti, ou, si vous le voulez, l'opinion de ceux qui se donnent à eux-mêmes le nom « d'intransigeants » a repris à son compte la campagne commencée par les monarchistes : ils l'ont portée sur le terrain électoral, et la question de Tunisie est devenue une plate-forme électorale pour les gens qui n'en avaient pas trouvé d'autre.

Et après les réunions électorales sont venus les meetings populaires, qui n'en sont que la continuation et la répétition ; ces assemblées étranges, ces assises odieuses et grotesques, où l'on met en accusation les gens sans les entendre et où on les condamne sans les avoir laissé parler... (*Applaudissements à gauche et au centre.*); où l'on voit, chose scandaleuse! les fonctionnaires congédiés du ministère des affaires étrangères applaudis par les revenants de Nouméa... (*Vifs applaudissements sur les mêmes bancs.*)

M. de Lanessan. Vous êtes à la tribune pour vous défendre et non pour attaquer ceux qui ne sont pas ici. (*Rumeurs à gauche et au centre.*)

M. LE PRÉSIDENT. Monsieur de Lanessan, vous n'avez pas la parole. Monsieur le président du conseil, veuillez continuer.

M. LE PRÉSIDENT DU CONSEIL... où l'on voit, au contraire, par une amère et douloureuse ironie, traîner dans la boue de toutes les insultes le représentant du Gouvernement français, qui, depuis sept ans, tient si haut en Tunisie le drapeau de la France! (*Applaudissements.*)

Messieurs, je ne sais pas si toutes ces infamies oseront affronter la majesté de cette tribune; pour le moment, je me contente de les repousser du pied, comme il convient. (*Nouveaux applaudissements.*)

M. DE LANESSAN. C'est comme M. Guizot.,

M. LE PRÉSIDENT. Je rappellerai à l'ordre l'interrupteur, que je ne connais pas, s'il continue à interrompre. Je le prie de vouloir bien, ainsi que tous mes collègues, assurer à ce débat la plus grande latitude. Je suis convaincu que le Gouvernement lui-même le désire. Tout ce que l'on voudra porter à la tribune y sera porté, mais à la tribune seulement, et je sollicite tout le monde d'écouter respectueusement M. le ministre. (*Applaudissements sur un grand nombre de bancs*).

M. LE PRÉSIDENT DU CONSEIL. Mais, messieurs, pour cette opinion qui s'égare ou qu'on égare, non pas pour vous qui le savez, mais pour le pays, pour l'Europe qui nous entend et qui nous juge, laissez-moi dire ici et redire encore une fois ce que c'est que l'expédition de Tunisie, et vous rappeler quels grands intérêts nationaux elle a eu pour but de garantir.

Messieurs, j'imagine que ceux qui l'attaquent si violemment n'ont jamais jeté les yeux sur la carte de l'Afrique du Nord. S'ils l'ont regardée, ont-ils considéré, d'une part, cette frontière toujours ouverte, soit aux insurrections algériennes qui se dissipent, soit aux insurrections algériennes qui recommencent? D'autre part, ont-ils porté leur attention sur cette côte illustre, riche, et si tentante, et se sont-ils demandé parfois si un bon Français pouvait supporter la pensée de laisser à d'autres qu'à une puissance faible, amie ou soumise, la possession d'un territoire qui est, dans toute l'acception du terme, la clef de notre maison? (*Applaudissements.*)

Aussi, messieurs, il faut, en vérité, ou bien être complètement étranger à l'histoire politique et diplomatique de notre pays, ou singulièrement aveuglé par l'esprit de parti pour croire que le Gouvernement qui est sur ces bancs ou que les agents qui le représentent à l'étranger sont les inventeurs de la question tunisienne. Mais, messieurs, la question tunisienne est aussi vieille que la question algérienne, elle en est contemporaine : il y a sur ce point, dans notre politique, depuis cinquante ans, une suite d'idées, une unité de desseins et de conceptions tout à fait remarquable.

La monarchie de Juillet avait reçu la conquête algérienne comme un héritage de la branche aînée; elle l'avait maintenue, continuée avec persévérance, au prix de grands sacrifices. Or, dès le premier jour, ses hommes d'État comprirent que la sécurité de nos possessions d'Algérie était intimement liée, faisait corps en quelque sorte avec la question de la domination politique dans la régence de Tunis.

Le gouvernement de Juillet était tellement convaincu que la régence devait rester sous la prépondérance française, fondée, soit sur une alliance sincère, soit sur des garanties d'un autre ordre, qu'il n'a jamais toléré la pensée que cette possession africaine pût appartenir même à la Porte, si faible qu'elle fût. La Porte, en 1835, avait remis la main sur la Tripolitaine ; cette reprise de possession était entrée dans le droit européen ; aussi, prenant goût à la chose, à chaque émotion populaire en Tunisie, à chaque conspiration de palais, à chaque rébellion des tribus dans la régence, la Porte, toujours aux aguets et toujours prête, mettait sa flotte en campagne et menaçait la régence du sort de la Tripolitaine. Quant à la France, elle opérait, avec la même régularité, un mouvement en sens inverse. M. Guizot, dans ses *Mémoires*, a résumé en quelques lignes la politique persistante du gouvernement de Juillet dans cette question :

« A cet effet, une escadre turque sortait presque chaque année de la mer de Marmara pour aller faire sur la côte tunisienne une démonstration plus ou moins menaçante... Mais nous voulions le maintien du *statu quo*, et chaque fois qu'une escadre turque approchait ou menaçait d'approcher de Tunis, nos vaisseaux se portaient vers cette côte avec ordre de protéger le bey contre toute entreprise des Turcs[1]. »

La politique de l'Empire ne fut pas moins constante, absolue, repoussant tout compromis sur ce point délicat.

Voici, par exemple, une dépêche de M. Drouyn de Lhuys, adressée au mois de mai 1864 à M. de Moustier, alors ambassadeur à Constantinople. A ce moment, la régence était en feu ; une insurrection formidable, sous les coups de laquelle la dynastie manqua de s'écrouler, y avait éclaté quelques mois auparavant, et la Porte,

---

1. Voir la note I à la fin du volume.

suivant son usage, avait laissé paraître des desseins d'intervention. Mais l'ambassadeur de France à Constantinople était allé au-devant du péril ; il avait interpellé le grand vizir, un des grands politiques ottomans de cette époque, Ali-Pacha, et celui-ci avait donné au Gouvernement français les explications les plus rassurantes, ce qui faisait dire au ministre des affaires étrangères :

« Nous devons conclure de là qu'il n'est pas dans la pensée de la Porte de méconnaître les engagements qu'elle a pris d'ancienne date envers nous à l'égard de Tunis, et qu'elle reconnaît que les intérêts spéciaux résultant pour nous de la possession de l'Algérie ne nous permettraient pas de laisser porter atteinte dans la régence au *statu quo* dont la conservation est devenue un des principes, en quelque sorte traditionnels, de notre politique. C'est en nous plaçant à ce point de vue que nous désirons le maintien de la famille aujourd'hui en possession du pouvoir à Tunis, parce que sa déchéance ne pourrait s'accomplir sans provoquer des compétitions et amener peut-être des luttes d'influence qu'il est évidemment préférable d'écarter [1]. »

Et dans cette conversation de M. de Moustier avec Ali-Pacha, qui a été rappelée dans les documents distribués aux Chambres, on précisait d'une façon très claire et très pittoresque la vraie portée de la question en disant : « Il faut quelque chose entre la Porte et la France, et si la Tunisie n'existait pas, il faudrait l'inventer. »

M. Jules Delafosse. C'est tout le contraire que vous faites ! Vous la supprimez.

M. Cuneo d'Ornano. Elle n'existe plus maintenant !

1. Voir la note II à la fin du volume.

M. LE PRÉSIDENT DU CONSEIL. Telle était donc la doctrine du gouvernement impérial, en ceci absolument semblable à la politique du gouvernement de Juillet : la France ne peut tolérer, dans la régence, ni l'anarchie, ni l'étranger. Mais comme l'anarchie tendait à devenir endémique dans ce pays et que l'anarchie conduit nécessairement à l'appel de l'étranger, surtout en présence d'un état suzerain ou se prétendant tel, qui s'appelle le Porte, dès 1864 nous voyons apparaître dans les correspondances de nos agents en Tunisie, la pensée d'une occupation éventuelle de la Tunisie.

Les preuves en abondent. En 1864, en pleine insurrection, on examine l'hypothèse d'un débarquement dans la Tunisie opéré par une puissance étrangère.

Le lieutenant-colonel Campenon, alors membre de la mission militaire française à Tunis, recommandait, dans ce cas, de répondre victorieusement à ce défi en montrant nos soldats du côté du Kef. De son côté, notre représentant à Tunis, M. de Beauval, écrivait :

« En présence de cette éventualité, je n'ai pas hésité à demander un bâtiment de la marine impériale à M. le gouverneur général de l'Algérie... Le gouvernement de Sa Majesté aura d'ailleurs à apprécier s'il ne convient pas de faire venir, à proximité de Tunis, à Bone, par exemple, des forces imposantes. »

A cette communication, le ministre des affaires étrangères répond par des instructions très précises, dans lesquelles il rappelle que le voisinage de l'Algérie nous a créé, dans la régence, des intérêts spéciaux que nous ne pouvons pas laisser compromettre :

« Si vous prévoyiez, dit-il, que la dynastie des Hassanli fût menacée, soit par la crise intérieure, soit par l'action de quelque puissance étrangère, vous auriez à m'en informer immédiatement par le télégraphe, et vous devriez même, en cas d'urgence, vous entendre avec M. l'amiral d'Herbinghem pour aviser aux moyens de prévenir une catastrophe. »

Cependant la paix est rétablie dans la régence, mais on craint que ce soit d'une façon un peu précaire. Aussi, en janvier 1868, une note du ministère des affaires étrangères revient sur le même sujet et atteste la préoccupation, de plus en plus sérieuse, de la nécessité possible d'une occupation française :

« L'incapacité de la dynastie qui règne à Tunis, l'improbité du ministre qui y exerce un pouvoir absolu, » — c'était le célèbre Mustapha Khasnadar, mort en 1878, — « les vices de l'administration la plus inintelligente et la plus oppressive, la dilapidation, au profit d'un petit nombre, de ressources onéreuses résultant d'emprunts usuraires, ont épuisé la régence, anéanti son agriculture, ruiné son commerce et décimé sa population. »

Pour remédier à cet état de choses, que faut-il faire ? « Il conviendrait, — dit le ministre des affaires étrangères, — de recourir à un « moyen terme » qui permettrait de concilier l'existence du beylick, comme souveraineté indépendante, avec les garanties que réclament non seulement les intérêts de nos nationaux, mais ceux qui se rattachent d'une manière plus générale pour la France à la question tunisienne. » Ce moyen terme eût consisté à occuper toute la partie sud de la régence, de façon à nous donner toute facilité pour arrêter les essais d'occupation étrangère ou de révolte qui auraient pu se produire.

En janvier 1869, nouvelle note plus précise encore, indiquant et formulant avec une grande clarté et une véritable prévoyance les vues du Gouvernement français :

« La France est le seul pays avec qui le bey ait sérieusement à compter ; en cas de guerre, nous respecterons son sol, la nationalité de son peuple, s'il est pour nous un ami fidèle, c'est-à-dire s'il empêche que des secours d'une nature quelconque soient fournis par les indigènes à nos ennemis. Mais, à la moindre attaque, ou même si nous avions des doutes sérieux sur sa neutralité, nous entrerions à main armée sur le territoire de la Tunisie, ouvert de tous côtés, et nous serions bientôt sous les murs de la capitale, qui tomberait infailliblement en notre pouvoir. En temps de paix, nous sommes les protecteurs naturels du pays ; notre colonie nous fait un devoir de nous opposer aux vues ambitieuses des États étrangers qui, sous un prétexte quelconque, tenteraient de prendre pied à côté de nous. »

A côté de ces notes, qui représentent l'opinion du ministère des affaires étrangères à Paris, il y a la correspondance des agents locaux.

A cette époque de 1869 et 1870, le représentant de la France à Tunis était M. de Botmiliau. M. de Botmiliau, dans sa correspondance, a souvent envisagé l'hypothèse d'une occupation de la régence par nos armes ; il en a toujours parlé comme d'une extrémité fâcheuse. Mais, à mesure que le temps s'écoulait et que la faiblesse du gouvernement beylical apparaissait à tous les yeux, le représentant de la France à Tunis rencontrait plus souvent sous sa plume cette idée, qui revient en maint endroit dans sa correspondance : L'occupation, nous ne la désirons pas, mais elle est inévitable.

Il exprimait la même pensée avant comme après nos malheurs. Vous trouverez au *Livre jaune* qui a été distribué à l'ancienne Chambre, à la page 8, une dépêche de M. de Botmiliau, datée du 16 mars 1870 :

« Il y a longtemps que j'ai écrit au département que nous marchions à une catastrophe, que ce n'était pas la banqueroute seulement qui menaçait la régence, mais l'anarchie. Elle est à peu près partout. Une dernière tentative se fait en ce moment pour sauver ce pays par la commission financière. Si elle échoue, nous pourrons être forcément appelés à occuper la Tunisie, et ce sera pour nous une extrémité fâcheuse. »

Et le 19 octobre 1871, au lendemain de nos désastres : « Sans un changement radical dans la marche du Gouvernement, c'est l'anarchie qui règne en Tunisie, et l'anarchie nécessairement entraîne l'occupation étrangère. »

Le 21 décembre 1871, il disait encore : « Si nous nous trouvions un jour devant le dilemme de laisser une autre puissance occuper la Tunisie ou de l'occuper nous-mêmes, le doute, je crois, ne serait pas permis, et, tout en regrettant une pareille nécessité, nous devrions nous en emparer. Je veux, en conséquence, chercher dès à présent quelles seraient, dans ce cas, les dispositions des populations à notre égard... »

Enfin, le 28 décembre de la même année :

« Le rapport que j'ai eu l'honneur de vous adresser le 21 de ce mois conclut à la nécessité d'occuper la régence dans un avenir peu éloigné : je ne crois pas que cette occupation puisse désormais être évitée [1]. »

M. Cuneo d'Ornano. Cette dernière dépêche n'est pas dans le *Livre jaune*.

1. Voir la note III.

M. LE PRÉSIDENT DU CONSEIL. Elle est dans la correspondance officielle. Elle n'est pas dans le *Livre jaune*, parce que le *Livre jaune* contient la dépêche que je vous ai lue tout à l'heure et qui exprime la même idée avec beaucoup de force.

Messieurs, si l'on considère l'état de la Régence à partir de cette époque, de 1870 et 1871, et durant les dix dernières années, on comprend les inquiétudes, les scrupules, mais aussi les vues prévoyantes de nos agents et du Gouvernement français. L'état de la régence, pendant les dix dernières années, a été décrit en quelque sorte jour par jour, avec les témoignages officiels, dans le *Livre jaune* que l'honorable M. Barthélemy Saint-Hilaire a fait distribuer à la dernière Chambre, il y a quelques mois. C'est là qu'il faut chercher les causes de l'expédition de Tunisie.

J'entends parler d'une enquête sur les origines de cette expédition ; mais cette enquête, messieurs, elle est faite, elle est là ! Il faut lire le *Livre jaune* pour se rendre compte de la situation intolérable que les désordres de la régence infligeaient à nos possessions algériennes. A chaque page, à chaque ligne de ce recueil, dont je ne saurais trop recommander la lecture attentive aux personnes curieuses de connaître exactement l'état des choses, vous trouvez constatées ces réalités menaçantes, formidables : la régence est le refuge naturel, quotidien, de tous les fauteurs d'insurrection en Algérie ; la régence est l'entrepôt naturel, quotidien, d'immenses envois d'armes et de poudre qui vont armer les bras des tribus rebelles dans nos possessions algériennes [1].

Lisez le *Livre jaune*, et vous verrez qu'en plein dix-neu-

1. Voir la note IV.

vième siècle, en 1878, la régence est encore, sur sa côte du Nord, dans un état de barbarie qui rappelle celui des anciens États barbaresques, au siècle dernier, ou au commencement de ce siècle, avant la prise d'Alger ; vous y verrez qu'en plein jour, sous les yeux des autorités musulmanes et beylicales, en présence de nos consuls impuissants, on y pille un navire, *l'Auvergne*, comme deux années plus tard on a pillé le *Santoni*.

La lecture du *Livre jaune* vous apprendra aussi que ce n'est pas, comme l'ont dit certains plaisantins, le Gouvernement actuel qui a inventé les Kroumirs ; vous y verrez, dans des dépêches de M. de Billing, par exemple, les projets, l'organisation des Kroumirs, et leurs préparatifs d'insurrection dénoncés dès 1874 [1]. En dix années, combien a-t-on compté de violations de frontières, de notre frontière française d'Algérie? 2,365! Le détail en est au *Livre jaune*. (*Mouvements divers.*)

M. Amagat. On ne disait pas cela, monsieur le président du conseil ; ce n'est pas ainsi que la question a été posée.

M. le président du conseil. Messieurs, je croyais être dans la question ; je croyais, et je crois encore, que cette revue historique est nécessaire...

Plusieurs membres. Oui! oui ! Très bien !

M. le président du conseil... non pas, sans doute, pour un grand nombre de membres de cette Chambre, mais pour le public qu'on repaît depuis deux mois de contes et de calomnies. Laissez-moi donc poursuivre ma tâche jusqu'au bout. (*Parlez!*)

Je disais que les violations de nos frontières se comp-

---

1. Voir la note IV.

tent par milliers, et remarquez, messieurs, qu'il s'agit
non pas de brigandages individuels, — ce qui est inévitable en pays arabe, — mais d'incursions faites par des
bandes armées, de véritables attaques militaires, de véritables combats.

Je ne veux pas vous fatiguer de lectures, mais je
recommande aux personnes qui étudient avec tant de
soin les origines de la question tunisienne, le rapport
d'un officier supérieur qui est inséré au *Livre jaune*, à la
date du 4 mars 1881 [1].

M. le commandant Vivensang avait été chargé par
notre gouvernement de régler dans une conférence les
indemnités dues à nos tribus pour les méfaits des tribus
kroumirs; après de longues journées d'attente, après de
vaines discussions, il constate que le gouvernement du
bey se raille de la France et de sa puissance, qu'il se joue
là une comédie indigne du Gouvernement français et
« que les tribus de la frontière ne croient plus à notre
force ».

Il y a plus : une dépêche de M. le gouverneur général
de l'Algérie, en date du 4 avril, relate que les autorités
beylicales, loin d'aider à la pacification, émettent « la
prétention de déplacer violemment la frontière à nos
dépens, et de la reculer bien avant sur notre territoire,
non seulement en face de Souk-Arrhas, mais jusqu'à la
hauteur de Tébessa [2] ».

Messieurs, toutes ces choses sont d'hier, on les oublie
pourtant! mais si l'on veut pénétrer plus à fond dans
cette histoire, qu'on reprenne encore le *Livre jaune*,
avec l'annexe publiée par l'honorable M. Barthélemy

1. *Voir* la note V.
2. *Voir* la note VI.

Saint-Hilaire. On y verra se produire, parallèlement à cet amoindrissement de l'autorité et de la grandeur françaises sur la frontière occidentale de la régence, et l'on assistera jour par jour, heure par heure, pour ainsi dire, dans les derniers mois de 1880 et dans les premiers mois de 1881, à l'effondrement de l'influence française à Tunis même. Oui, pour des causes sur lesquelles je ne veux pas revenir, — car là une grande réserve m'est commandée, — mais dont l'effet est certain, visible, il est manifeste qu'à l'époque qui a précédé immédiatement l'expédition de Tunisie et qui l'a rendue nécessaire, le gouvernement du bey, — je ne sais pourquoi, ou plutôt je sais trop pourquoi, — s'était absolument insurgé contre cette influence française, que même au temps de nos malheurs il avait encore respectée. (*Mouvements divers.*) Ce n'est plus la France qui est prépondérante à Tunis : la diplomatie française est à cette époque obligée de reconnaître qu'à Tunis, au Bardo, on oppose à son esprit de conciliation, à sa patience véritablement admirables, à tous ses efforts pour la défense des intérêts dont elle a le dépôt, à tout ce qu'elle demande de juste, d'équitable, d'avantageux pour la régence elle-même, une humeur de plus en plus hautaine, de plus en plus revêche, de plus en plus hostile[1].

On a beaucoup parlé des affaires tunisiennes, des affaires que la France a défendues en Tunisie. Mais, messieurs, la France peut en parler; la diplomatie française peut en revendiquer la responsabilité. Ah ! nous sommes un peuple étrange ! Que de fois, dans les journaux, à la tribune, à cette tribune même, nous avons entendu critiquer l'indifférence, l'insouciance que les membres

---

1. *Voir* ci-après les notes VI et VII, p. 182 et 194.

du corps consulaire témoignaient à l'égard des intérêts français. Que de fois, il y a peu de temps encore, dans l'affaire Prieu, qui avait des défenseurs de ce côté de la Chambre...

M. Talandier. Parfaitement! Je demande la parole.

M. le président du conseil. Monsieur Talandier, vous êtes, en effet, un de ceux qui défendaient M. Prieu; vous êtes un de ceux qui se plaignaient du délaissement dans lequel, dit-on, les représentants de la France laissent leurs nationaux à l'étranger.

Messieurs, on dit cela à la tribune, on dit cela dans la presse, et quand un agent français, quand un fonctionnaire du Gouvernement se montre, au milieu des épreuves les plus difficiles, l'homme de sa nationalité; quand il prend à cœur la défense des intérêts de la France, comme les représentants de l'Angleterre prennent celle des intérêts anglais, cet homme-là, on le jette aux gémonies... (*Applaudissements à gauche et au centre.*) et on l'oblige à venir démontrer devant les tribunaux français qu'il n'est ni un voleur ni un traître!

Oui, messieurs, la France, entendez-le bien, avait en Tunisie des affaires où ses plus graves intérêts étaient en jeu : en première ligne, les télégraphes et les chemins de fer. Car, enfin, vous admettrez bien que, dans un pays dont on peut dire en toute vérité qu'il est la clef de notre maison algérienne, il nous importe absolument de savoir entre les mains de qui sont les télégraphes et les chemins de fer; vous ne méconnaîtrez pas que dans ces sortes d'affaires il y a plus que des intérêts privés, il y a en jeu un intérêt public, un intérêt national.

Eh bien! lisez le *Livre jaune* : vous verrez de quelle façon ces grands intérêts, engagés dans le service télé-

graphique et dans les lignes de chemins de fer, étaient
traités pendant la dernière année, par suite d'un revire-
ment subit du gouvernement du bey[1] ...

Toutes ces choses, on les savait en France aux mois
de janvier, de février, de mars 1881 : sur tous ces points,
l'attention publique avait devancé la sollicitude du Gouvernement, on le croyait au moins ; sur toutes ces questions
la polémique était engagée dans la presse, et j'étonnerais
bien aujourd'hui quelques-uns des journalistes qui nous
traitent le plus durement à cette heure, en leur rappelant
le langage qu'ils tenaient au mois de février 1881 et dans
les mois suivants. A ce moment, les petits combats des
30 et 31 mars 1881 entre des détachements de troupes
françaises et les bandes Kroumirs ont été la goutte d'eau
qui a fait déborder le vase, et alors l'indignation publique,
depuis longtemps contenue, a éclaté !

Oui, à ce moment, nous, le Gouvernement, vous, la
Chambre, nous avons eu toute l'opinion française derrière
nous. Que disaient donc les journaux à cette époque ?
Est-ce qu'ils se plaignaient de nous voir nous occuper
trop ardemment des affaires de Tunisie ? Le *Rappel*, par
la plume de mon honorable et spirituel collègue,
M. Lockroy, nous gourmandait...

M. ÉDOUARD LOCKROY. Et avec raison ! (*Sourires sur
plusieurs bancs à gauche.*)

M. LE PRÉSIDENT DU CONSEIL. Il nous disait : Mais vous
n'allez pas assez vite ! C'est à Tunis que vous devriez
être ! C'est une honte de ne pas être encore à Tunis !

M. ÉDOUARD LOCKROY. C'était vrai ! très vrai ! (*Rires sur
les mêmes bancs à gauche.*)

---

1. Voir la note VII.

M. LE PRÉSIDENT DU CONSEIL. Oui, messieurs, la Chambre et le Gouvernement avaient avec eux l'opinion et la presse, le sentiment national tout entier, lorsque nous sommes venus vous dire, le 8 avril, que nous avions pris mesures pour mettre enfin un terme aux incursions des Kroumirs, aussi bien que, le 13 mai, quand nous avons apporté à la Chambre le traité qui établissait définitivement notre protectorat en Tunisie.

C'est là, messieurs, ce qui fit notre force, et c'est la réponse à ceux qui cherchent à l'expédition de Tunisie je ne sais quelles origines obscures et honteuses. Les origines, les voilà !

L'expédition de Tunisie, c'est la France qui la faisait, c'est la France qui la voulait, et qui l'a acclamée. (*Rumeurs sur divers bancs à gauche.*) Elle l'a acclamée, non pas comme une promesse de victoires, de ces victoires faciles, du fort contre le faible, mais par un sentiment plus élevé, embrassant à la fois un grand intérêt national à sauvegarder, et cette idée qu'en allant en Tunisie la France faisait un pas de plus vers l'accomplissement de la tâche glorieuse que ses destinées lui confient dans l'Afrique du Nord : le triomphe de la civilisation sur la barbarie (*Murmures à droite.*), la seule forme de l'esprit de conquête que la morale moderne puisse admettre.

Messieurs, je n'ai pas à vous rappeler que trois votes successifs du Parlement : le vote du premier crédit, qui sanctionne le principe de l'expédition, le vote du traité du 12 mai, le vote des derniers crédits demandés par M. le ministre de la guerre, que ces trois votes unanimes ont intimement lié, dans l'honneur et dans les responsabilités, le Gouvernement et les Chambres.

M. Janvier de la Motte (Eure). Ces votes n'ont pas été unanimes!

M. le président du conseil. Non! ils n'ont pas été unanimes; certains d'entre vous n'ont pas voté ces crédits...

M. Jules Delafosse. Vous n'avez obtenu que 300 voix!

M. le président du conseil... et il a été fait, ici, des réserves par l'honorable M. Clémenceau, comme il avait été fait des réserves au Sénat par l'honorable M. de Gontaut-Biron.

Messieurs, il me semble que ces votes, que la ratification du traité du Bardo, que tout cet ensemble de faits parlementaires et politiques constituaient pour le ministère que la Chambre laissait après elle, en se séparant, un mandat bien clair, bien net, très étendu sans doute, mais incontestable. Ce mandat, il était à la fois défini par les termes du traité qui nous rendait désormais responsables de la tranquillité de la régence, et par le commencement d'application pratique que le protectorat avait reçu.

Je l'ai rappelé tout à l'heure, et je trouve que le fait a son importance : c'est pendant que la Chambre de 1877 achevait le dernier mois de la dernière législature, que le protectorat a été appliqué effectivement, que nous avons dompté l'insurrection de Sfax... (*Rires ironiques à droite.*)

Oui, messieurs, et par un très beau fait d'armes.

M. Langlois. Je le crois bien!

M. le président du conseil. C'est alors aussi que nous avons occupé Gabès, que nous avons occupé Djerba, que nous avons envoyé des troupes à Tunis pour mettre la ville en sûreté contre ces incursions de maraudeurs qui arrivaient jusqu'aux portes du Bardo, incursions qui ont jeté dans l'opinion publique une si vive préoccupation et qui constituent, aux yeux de nos adversaires, un grief contre notre imprévoyance.

Oui, messieurs, c'est le 28 juin, vous présents, vous siégeant encore, que ce commencement d'insurrection s'est manifesté, et que nous y avons paré par différentes mesures militaires... Qui s'en est plaint? Qui a interpellé le Gouvernement? C'est que le Gouvernement avait pleins pouvoirs pour exécuter le traité du Bardo.

M. CUNÉO D'ORNANO. C'est très vrai!

Quelques membres à droite. Mais non! ce n'est pas vrai!

M. CUNÉO D'ORNANO. La majorité a approuvé.

M. LE PRÉSIDENT DU CONSEIL. Il me semble qu'en disant cela je démontre l'évidence. Par conséquent, la question est celle-ci : Avons-nous outrepassé les termes du mandat qui avait été donné? L'avons-nous accompli, je ne dirai pas sans commettre de fautes... (*Ah! ah! à droite.*) Heureux ceux qui ne commettent pas de fautes dans la direction des affaires humaines ! (*Exclamations à droite.*) Je pense que ce sont des personnes infaillibles qui m'interrompent... (*Rires approbatifs à gauche.*)

L'avons-nous accompli, ce mandat, non assurément sans commettre de fautes, mais en y apportant le degré de prévoyance, d'activité, d'énergie qu'on a le droit de demander à un gouvernement français ?

Messieurs, l'opposition fait au cabinet, à l'occasion de la conduite des affaires tunisiennes, des reproches de divers ordres : vous me permettrez de reprendre les principaux d'entre eux et de les examiner par avance, sans même attendre que les honorables interpellateurs les aient portés à cette tribune. Leur thèse est connue; nous savons ce que l'on veut de nous, ce qu'on nous reproche : je vous demande la permission de dire ce que nous avons à répondre.

M. LAROCHE-JOUBERT. Le ministre sait si bien ce qu'on va lui demander qu'il répond d'avance.

M. JANVIER DE LA MOTTE (Eure). Il s'interpelle lui-même. (*Rires à droite.*)

M. LE PRÉSIDENT DU CONSEIL. Le premier grief que j'ai vu exprimer, avec beaucoup d'éloquence, est contenu dans un manifeste, signé par dix-sept honorables membres de ce côté de l'Assemblée. (*L'orateur désigne l'extrême gauche.*) On a déclaré que nous avions fait la guerre, une grande guerre, sans l'autorisation du Parlement, et que nous avions gouverné sans contrôle.

M. LAROCHE-JOUBERT. C'est vrai !

M. LE PRÉSIDENT DU CONSEIL. C'est vrai, dit M. Laroche-Joubert. Eh bien, il faudra venir le démontrer ici. (*Très bien ! très bien ! à gauche et au centre.*)

M. LAROCHE-JOUBERT. Ce ne sera pas difficile. Ce sera l'affaire d'un quart d'heure.

M. LE PRÉSIDENT DU CONSEIL. Nous avons déclaré la guerre sans l'autorisation du Parlement, nous dit-on; nous avons mené une affaire ténébreuse, — j'ai lu le mot quelque part, — une affaire ténébreuse et frauduleuse à l'insu du Parlement.

Messieurs, il a été déjà répondu à ce grief. Il n'est pas nouveau, car il n'y a pas un grief nouveau dans cette affaire tunisienne. Tous se sont produits ici dans les discussions d'avril et de mai; ils ont été rappelés par le rapporteur de la commission à laquelle avait été renvoyé le traité du Bardo, l'honorable M. Antonin Proust. Il répondit alors avec un grand bon sens, et d'une façon tout à fait décisive : que nous n'avions jamais déclaré la guerre au bey de Tunis...

M. Jules Delafosse. Vous l'avez faite sans la déclarer.

M. le président du conseil... que nous n'avions jamais rompu nos relations diplomatiques avec le bey de Tunis, que nous n'avions jamais combattu les troupes du bey de Tunis. (*Rires à droite.*)

Si cela était vrai, messieurs, au 12 mai, combien cela est plus vrai à l'heure qu'il est! A l'heure qu'il est, l'alliance, l'accord, l'entente sont évidents ; ils sont attestés par des faits. Vous voyez, à côté de nos troupes, les troupes tunisiennes veiller au maintien de l'ordre dans la partie centrale de la régence. (*Rires ironiques à droite. — Bruit.*) Oui, messieurs, oui! et je ne vois pas pourquoi cela vous fait rire!

M. le président. Messieurs, veuillez écouter l'orateur.

M. le président du conseil. Je ne vois pas pourquoi cela vous fait rire; vous devriez vous en applaudir en bons patriotes.

M. le duc de Feltre. Si c'était vrai, certainement, mais c'est inexact.

M. le président du conseil. C'est absolument vrai !

M. le duc de Feltre. Prouvez-le!

M. le président du conseil. Je le prouve. Les troupes tunisiennes sont si bien les auxiliaires sérieux des troupes françaises qu'elles sont payées comme nos auxiliaires et reçoivent les rations militaires. (*Bruyantes exclamations et applaudissements ironiques à droite.*)

M. le duc de Feltre. Je vous remercie.

M. le président du conseil. En vérité, ces rires ne s'expliquent pas. Les troupes tunisiennes, je le répète, sont avec nous, la petite armée d'Ali-Bey fait le coup de feu et se bat très convenablement à côté de nos troupes[1].

M. GEORGES PERIN. Ce sont les troupes du bey qui ont maintenu l'ordre à l'Oued-Zargua.

M. LE PRÉSIDENT. Monsieur Perin, vous n'avez pas la parole.

M. LE PRÉSIDENT DU CONSEIL. Non, il n'y avait pas de troupes françaises, pas plus que de troupes tunisiennes à l'Oued-Zargua ; sans cela, l'horrible événement qui s'y est droduit ne serait pas arrivé. Votre objection ne porte pas.

Je dis que c'est là un fait très important, car on ne pourra pas maintenir, d'une façon sérieuse et durable, le protectorat en Tunisie, si on n'a pas, dans une large mesure, le concours des autorités tunisiennes Ce concours, nous l'avons et nous l'aurons, et c'est une des raisons qui nous font considérer le protectorat comme la meilleure solution de la question tunisienne.

On nous dit encore : Vous avez gouverné sans contrôle. Qu'est-ce que cela veut dire ? Nous avons envoyé des renforts en Tunisie ; est-ce que quelqu'un peut nous blâmer pour cela ?

M. LE DUC DE FELTRE. Après les élections !

M. LE PRÉSIDENT DU CONSEIL. C'est inexact monsieur : c'était avant les élections. Rappelez-vous les dates : nous avons envoyé dans le mois de juillet plus de 8,000 hommes en Tunisie, au vu et au su de tout le monde[2].

---

1. *Général Logerot au Ministre de la Guerre, 7 octobre* 6ʰ 30ᵐ. — « Colonel Ménessier me télégraphie de Medjez-el-Bab : Aujourd'hui 7, les troupes d'Ali-Bey, appuyées par démonstration des miennes, ont *enlevé, brûlé et dispersé* le camp des insurgés d'Aïn-Turkia. Ceux-ci sont en fuite sur Teboursouk, probablement. Je n'ai eu à tirer que onze coups de canon. *Les troupes du Bey ont montré de l'entrain.*

2. *Voir la note VIII à la fin du volume.*

M. DE LA BILIAIS. Vos préfets ont nié les envois de troupes au moment des élections.

M. LE PRÉSIDENT DU CONSEIL. Ne mêlez donc pas toutes les questions et veuillez me laisser suivre ma discussion ! *Interruptions à droite.*)

M. LE PRÉSIDENT. Vous pourrez répondre tout à l'heure, messieurs; cet argument est un de ceux que l'on peut apporter à la tribune.

M. LE PRÉSIDENT DU CONSEIL. Je soutiens que, lorsqu'un gouvernement, dans l'intervalle de deux sessions parlementaires, envoie sur des points menacés, et qu'il a mandat de défendre, des renforts, des colonnes de troupes, on ne peut pas l'accuser de gouverner sans contrôle. Envoyer des renforts à l'étranger pour exécuter un traité souscrit par la nation, en vue d'obtenir l'accomplissement des clauses d'un traité sur lequel la nation a apposé sa signature, c'était, de la part du Gouvernement, l'accomplissement de son mandat, et il ne peut être question ici ni de dictature ni d'empiètement sur le pouvoir législatif. (*Applaudissements à gauche et au centre.*)

Voilà donc ce que nous avons fait. Nous avons envoyé des renforts, nous avons choisi des généraux. Se plaint-on des généraux envoyés en Tunisie? Est-ce le choix du général Saussier comme commandant du 19e corps qui sera critiqué dans cette assemblée? Le général Logerot n'est-il pas un homme de guerre à la hauteur des circonstances?

Un membre à droite. Personne ne se plaint à ce point de vue.

M. LE PRÉSIDENT DU CONSEIL. Vous dites que nous avons gouverné sans contrôle, et voilà ce que vous appelez faire acte de dictature?...

M. JANVIER DE LA MOTTE. Vous faites votre interpellation vous-même. (*Rires approbatifs à droite. — Exclamations à gauche.*)

M. LE PRÉSIDENT. Monsieur Janvier de la Motte, je vous rappelle que vous pourrez vous expliquer à la tribune, et que même, pour mieux vous assurer votre tour de parole, vous vous êtes fait inscrire pour et contre. (*Hilarité générale. — Applaudissements ironiques au centre.*)

M. JANVIER DE LA MOTTE. C'est M. le ministre qui m'en a donné l'exemple.

M. LE PRÉSIDENT DU CONSEIL. Messieurs, la seconde objection qu'on nous a faite est une objection financière. On nous dit : la preuve que vous avez empiété sur les droits du pouvoir législatif, c'est que vous avez fait des dépenses qui n'avaient pas été votées par la Chambre et que vous avez dépassé le crédit alloué pour l'expédition.

Messieurs, j'ai examiné avec une grande anxiété de conscience ce grief, qui serait très grave s'il était fondé. Je ne crois pas qu'il résiste à la discussion, que dis-je? au simple examen des faits.

La dernière Chambre avait voté 17 millions pour la guerre de Tunisie; je parle ici devant de nombreux témoins, je parle devant les membres de la commission du budget qui ont eu à examiner la demande de crédit, qui ont rédigé les clauses financières du projet de loi, et je crois me conformer à la plus stricte vérité en affirmant que ces crédits étaient une provision et non pas une limite. (*Rumeur.*) On s'est expliqué sur ce point.

M. DE LA BASSETIÈRE. On n'a jamais vu un vote de crédit illimité; c'est une singulière théorie!

M. LE PRÉSIDENT DU CONSEIL. Il était, en effet, impossible de dire à ce moment, au mois de juin 1881, quelle importance et quel développement pourrait prendre l'affaire de Tunisie.

M. Gaudin. Il fallait convoquer la Chambre.

M. le président du conseil. Si la commission du budget avait pu établir sur cet inconnu des prévisions certaines, savez-vous ce qu'elle aurait fait, messieurs? Elle aurait fait ce qui se faisait sous d'autres régimes, elle aurait limité l'effectif que le Gouvernement était autorisé à entretenir en Tunisie.

Ah! si la Chambre avait dit : nous vous donnons un supplément d'effectif de 25,000, de 30,000 hommes, nous n'aurions pas pu dépasser cette limite sans manquer à tous nos devoirs. (*Rumeurs sur plusieurs bancs.*)

Voulez-vous m'écouter, messieurs?...

M. le président. Messieurs, ne vous plaignez pas : vous connaîtrez la théorie du Gouvernement et les faits apportés par lui à cette tribune; vous lui répondrez alors d'autant plus facilement. Veuillez donc écouter en silence.

M. le président du conseil. Je dis qu'on ne pouvait pas donner à ces crédits un caractère limitatif, parce qu'on ne connaissait pas l'avenir; on ne le pouvait pas et on ne le voulait pas, puisque, dans le sous-détail qui fait partie intégrante de la loi de crédit, il y a un crédit de 2,500,000 francs pour l'imprévu. On n'était donc pas en présence d'une expédition limitée, d'un effort que la Chambre voulût limiter. Non, la Chambre, fidèle à la conduite qu'elle avait eue dans cette affaire, entendait donner un plein pouvoir, un blanc-seing jusqu'à la rentrée des Chambres... (*Dénégations à droite et à l'extrême gauche.*)

M. le président. Je prie la Chambre de faire silence

M. DE LA BILIAIS. Nous n'acceptons pas cette responsabilité.

M. LE PRÉSIDENT DU CONSEIL. Dans cette occasion, il ne pouvait pas y avoir entre la Chambre et le ministère qui avait sa confiance autre chose qu'un contrat de confiance. On se trouvait en présence d'entreprises militaires commencées en Tunisie, en présence d'une insurrection à ses débuts. Est-ce qu'il eût été raisonnable de la part de la Chambre de dire : Vous ne réprimerez l'insurrection que jusqu'à tel point et vous la laisserez s'aggraver, si elle le dépasse ?

M. CUNEO D'ORNANO. Le prétendu traité de paix était signé.

M. LE PRÉSIDENT DU CONSEIL. La Chambre ne pouvait pas parler ainsi (*Approbation sur plusieurs bancs à gauche.*), car alors, ce n'était plus de la politique et ce n'était pas de la confiance. (*Très bien! sur divers bancs à gauche.*)

Voilà pour le caractère des crédits : mais en fait, messieurs, les crédits n'ont été ni dépassés ni dépensés. (*A droite : Oh! oh!*)

M. DE LA ROCHETTE. La guerre a commencé après le traité de paix.

M. LE PRÉSIDENT DU CONSEIL. Voici comment le crédit total de 17 millions se décompose, en voici le sous-détail par articles.

Comment opérait-on jusqu'à ce jour? Comment, sous l'Empire, par exemple, comment, dans les habitudes de la comptabilité impériale, faisait-on les comptes des expéditions à l'étranger ? On répartissait la dépense dans les différents chapitres, dans une vingtaine de chapitres du budget: et c'était là l'éternel grief de toutes les oppositions : où voulez-vous, demandaient-elles, que nous retrouvions le total des dépenses de l'expédition du Mexique, de l'expédition d'Italie ? Tout cela est confondu dans vingt chapitres du budget !

M. le ministre de la guerre et la commission du budget n'ont pas voulu tomber dans cette obscurité, et l'on a ouvert un chapitre spécial, le chapitre 29, aux dépenses de l'expédition de Tunisie; il était entendu que toutes les dépenses extraordinaires motivées par cette expédition seraient portées dans ce chapitre au lieu d'être dispersées dans vingt chapitres du budget.

Au lieu d'une vingtaine de chapitres, comme autrefois, il y a désormais un seul chapitre comprenant une douzaine d'articles comme ceux-ci : vivres, solde, services de marche, transports, habillements, justice militaire, remonte de l'artillerie, imprévu, fonds secrets.

M. DE LA ROCHEFOUCAULD, DUC DE BISACCIA. Quel est le total de la dépense ?

M. LE PRÉSIDENT DU CONSEIL. Le total du chapitre est de 17 millions.

M. DE LA ROCHETTE. Nous en sommes loin.

M. LE PRÉSIDENT DU CONSEIL. Là-dessus, comment a-t-on opéré ? On a opéré de la seule façon pratique, admissible, raisonnable : par exemple, pour les services de marche et les transports, comme ce sont des dépenses une fois faites, qui peuvent être aisément distinguées de toute autre dépense dans le budget, tous les transports et tous les services de marche de l'expédition ont été imputés sur le crédit de 17 millions.

Mais il était manifeste qu'on ne pouvait faire cette imputation pour la solde, pour les vivres, pour les journées d'hôpital; vous ne pouvez pas demander aux sous-ordonnateurs d'opérer cette division en temps de guerre, même pour la solde. Vous le pouvez encore moins pour les vivres, pour les rations, pour les journées d'hôpital. Pourquoi cela ? Parce que, même en France, on ne sait qu'en fin d'exercice combien a coûté la ration ou la journée d'hôpital, et qu'à plus forte raison nous ne saurons qu'à la fin de l'année combien elles ont coûté en Tunisie.

Par conséquent, il n'a pas été possible de diviser une opération qui est en elle-même indivisible. Pour la solde des troupes, par exemple, on a fait ce que l'opposition appelle à tort des virements, on a fait des imputations provisoires sur le budget ordinaire. (*Mouvements divers.*)

Je vous prie de m'écouter, messieurs... On l'a fait et on a dû le faire. Et quand même M. le ministre de la guerre, au lieu d'un crédit de 17 millions, aurait eu devant les mains un crédit de 50, 60 ou de 100 millions, il n'aurait pas opéré différemment, puisqu'il résulte du contexte de la loi de finances elle-même, qu'on ne doit porter au crédit extraordinaire que la différence entre la solde d'un régiment entretenu en France et la solde d'un même régiment en Tunisie. (*Rumeurs sur quelques bancs.*)

Plusieurs membres. C'est évident !

M. LE PRÉSIDENT DU CONSEIL. Voilà, messieurs, une explication qui ne peut pas être contestée. Et les personnes qui ont cru que le ministre de la guerre avait manqué à son devoir en imputant l'entretien des troupes en Tunisie sur les crédits ordinaires n'ont oublié qu'une chose, qui ressort du détail même de l'exposé des motifs de ce projet de crédit : c'est que, évidemment, la Chambre, la commission du budget avaient entendu faire peser sur le crédit extraordinaire uniquement la différence entre la solde en Tunisie et la solde en France, différence évaluée à 1 million environ.

M. LE MARQUIS DE LA ROCHEJACQUELEIN. C'est évident!

M. LE PRÉSIDENT DU CONSEIL. J'arrive à un autre grief. C'est assurément celui qui a jeté le plus d'anxiété ou d'obscurité dans les esprits : ce qu'on a appelé la question du retrait des troupes. (*Marques d'attention.*)

Je prends la liberté de devancer encore sur ce point les interpellations de mon honorable collègue M. Janvier de la Motte.

M. JANVIER DE LA MOTTE (Eure). Qu'en savez-vous?

M. LE PRÉSIDENT DU CONSEIL. Je sais ce que vous direz si vous traitez ce point.

M. JANVIER DE LA MOTTE. Vous m'interpellez, alors?

M. LE PRÉSIDENT DU CONSEIL. Je crois que l'objection que l'on formule est celle-ci : « Vous avez, au détriment des intérêts militaires qui vous étaient confiés et dans des vues politiques, retiré une partie de l'effectif que vous aviez envoyé en Tunisie. » On va même jusqu'à dire, dans certains journaux qui n'y regardent pas de si près : « Vous avez retiré l'effectif, vous avez retiré les troupes dans un intérêt électoral (*Oui! oui! à droite.*), afin d'établir aux yeux des électeurs qui allaient être consultés que l'expédition de Tunisie n'avait rien d'inquiétant et qu'elle avait déjà pris fin. Vous avez fait cela avec une telle imprévoyance, et vous avez compromis de telle façon les intérêts militaires du pays que c'est ce retrait des troupes, partiel ou total, qui a été la cause directe du soulèvement du sud de la régence. »

Voilà l'objection. Je crois que je ne l'affaiblis pas. J'y réponds. Je vais tâcher d'établir d'abord que la dislocation du corps expéditionnaire était nécessaire; ensuite, que cette nécessité, que ce rapatriement d'une partie du corps expéditionnaire n'a eu aucune influence appréciable sur les événements qui ont suivi.

Quant à la manœuvre électorale, permettez-moi de vous dire qu'elle eût été bien singulière, bien grossière, et que le Gouvernement allait se charger lui-même, dans cette hypothèse, d'opérer presque aussitôt la contre-manœuvre.

En effet, avant les élections, dans le courant du mois de juillet, le Gouvernement avait renvoyé en Tunisie un corps de troupes d'un chiffre supérieur à 8,000 hommes[1]. Il l'avait fait au vu et au su de tout le monde, puisque ces 8,000 hommes ont été pris dans les 4es bataillons de 85 régiments, comme toutes les troupes employées dans la seconde expédition. Le Gouvernement ne se cachait donc pas ; et, s'il avait eu en vue une manœuvre électorale, il eût fait, en même temps, la contre-manœuvre, puisqu'il renvoyait d'autres troupes en Tunisie.

M. LE BARON DUFOUR. Pendant ce temps-là, les préfets disaient le contraire. (*Rumeurs à gauche.*) La preuve, la voilà !

M. LE PRÉSIDENT. Monsieur Dufour, vous n'avez pas la parole ; je vous prie de garder le silence.

M. LE PRÉSIDENT DU CONSEIL. Je voudrais, messieurs, ne laisser dans vos esprits aucun doute sur cette partie si importante de ma discussion. Combien le Gouvernement a-t-il rapatrié de soldats appartenant au premier corps expéditionnaire de Tunisie ? Voici les chiffres : 10,000 hommes ont été ramenés dans le courant du mois de juin, et 12,000 hommes sont restés dans les différentes

1. *Voir* la note VIII.

villes et les postes militaires qui constituaient notre occupation.

Pourquoi avoir rapatrié ces 10,000 hommes? Messieurs, pour des raisons de la plus haute gravité, que M. le ministre de la guerre a exposées au conseil et que le conseil a adoptées après mûr examen : pour des raisons sanitaires et pour des raisons militaires.

Les raisons militaires, messieurs, étaient d'une importance telle que les raisons sanitaires, qui sont si graves, passent en quelque sorte au second plan.

En effet, comment avait été composé le premier corps expéditionnaire de Tunisie? Il avait été formé, en grande partie, par la force même des choses, de troupes d'Algérie. Ce sont les troupes d'Algérie que le Gouvernement, surpris par l'invasion, par l'attaque à main armée des Kroumirs, aux 30 et 31 mars, a fait avancer par échelons sur la frontière. Ainsi, 8,200 hommes, empruntés à l'armée d'Algérie, faisaient partie du corps expéditionnaire. A ces 8,200 hommes M. le ministre de la guerre, qui devait aller au plus pressé,—l'affaire était pressante, l'opinion plus pressante encore, — le ministre de la guerre, à ce contingent déjà respectable de troupes d'Algérie, ajouta des régiments à deux bataillons, avec l'artillerie et la cavalerie correspondantes : soit 31 bataillons d'infanterie et 15 escadrons de cavalerie, empruntés à 13 régiments d'infanterie, qui fournirent chacun 2 bataillons. et à 5 régiments de cavalerie, qui fournirent chacun 3 escadrons; en ajoutant les 40ᵉ et 141ᵉ régiments d'infanterie, qui appartenaient à la brigade Vincendon, on obtint le chiffre de 30,000 hommes, total de l'effectif du premier corps expéditionnaire[1].

1. *Voir* la note VII.

Ces mesures eussent été suffisantes pour une expédition de quinze jours ou trois semaines, mais le système était incompatible avec une occupation durable ; en effet, il présentait un grand inconvénient et il contenait un grand péril : la mobilisation était atteinte, les cadres de la mobilisation étaient entamés, puisque les états-majors et les cadres de 2 bataillons de 13 régiments d'infanterie opéraient en Tunisie.

Il fallait, puisque l'occupation devait durer, aviser à un autre système.

Quel était le premier devoir du ministre de la guerre? On devrait vraiment reconnaître, à la fois, et la grande difficulté où il s'est trouvé, et le peu de moyens qu'il avait pour la résoudre. Nos lois militaires n'ont pas prévu d'armée coloniale ; on ne songeait pas à cela en 1872. Il fallait donc, avec une organisation militaire destinée uniquement à la guerre continentale, pourvoir aux nécessités pressantes de la guerre d'Afrique. On ne le pouvait qu'à une condition : c'était de laisser les cadres de la mobilisation intacts ; et si, dans cette affaire, le ministre de la guerre ne s'était pas préoccupé avant tout de rétablir les cadres de mobilisation dans leur intégralité, il aurait véritablement manqué à tous ses devoirs et dédaigné ce qui doit être son souci le plus constant, même en temps de paix.

Pour rétablir les cadres, qu'a-t-il été fait? On a disloqué le corps expéditionnaire, on a rapatrié environ 10,000 hommes, on a renvoyé en France l'état-major des régiments, les cadres d'un bataillon, en versant dans les seconds bataillons, qui restaient en Tunisie et devaient former le corps d'occupation, assez d'hommes pour en porter le contingent à 550 ou 600 hommes.

De sorte que les 10,000 hommes qui ont été rapatriés, messieurs, ce sont les états-majors des régiments, ce sont les cadres des bataillons actifs qui font partie intégrante du système de mobilisation ; ce sont en outre les soldats libérables dans l'année, et enfin les soldats de faible santé, ceux qu'on appelle en langage technique : les malingres.

J'arrive à l'autre côté grave de la question : l'intérêt sanitaire qui venait s'ajouter à ce grand intérêt militaire pour motiver le repatriement.

Pour juger et apprécier avec une complète équité la mesure dont je parle, que je défends ici de toute ma conviction, et qui a soulevé tant de critiques dans le public, il faut qu'on veuille bien se rendre compte des conditions dans lesquelles se trouve une armée nécessairement jeune comme la nôtre, composée d'éléments jeunes, lorsqu'elle fait la guerre en Afrique.

Lorsque nous faisions les guerres d'Afrique, sous le gouvernement de Juillet et sous l'Empire, nous avions, messieurs, d'autres soldats que ceux d'aujourd'hui ; nous avions de vieux soldats. Il y avait dans l'armée constituée par la loi de 1832... (*Interruptions.*)

M. LE PRÉSIDENT. Messieurs, le débat se précise, ce n'est pas le moment qu'il faut choisir pour le troubler par des conversations ; il faut, au contraire, écouter avec la plus grande attention (*Très bien! très bien!*)

M. LE PRÉSIDENT DU CONSEIL. Messieurs, il me semble que je serre la question autant qu'il m'est possible : je prie la Chambre de vouloir bien suivre mon raisonnement.

Messieurs, il faut considérer avant toute chose la différence fondamentale qu'il y a entre l'armée de la loi de 1832 et l'armée de la loi de 1872. Dans l'ancienne armée, formée par la loi de 1832, nous avions 100,000 vieux soldats, par suite des rengagements ; il y en a à peine 29,000 dans l'armée telle que l'a constituée la loi de 1872. Par conséquent, la grande majorité de notre armée nationale se compose d'hommes véritablement jeunes, d'hommes de vingt à vingt-trois ans, l'âge critique au point de vue des influences typhoïdiques que développent nécessairement les pays chauds comme l'Algérie. (*Très bien! sur un grand nombre de bancs.*)

Qu'a donc fait M. le ministre de la guerre? quel but a-t-il poursuivi ? Il a voulu sauver l'armée des influences anémiques, typhoïdiques qui constituent le grand péril, le fléau des mois de juillet, août et septembre, dans l'Afrique du Nord. Il a voulu, en prévision de ce qui pourrait advenir, mettre provisoirement à l'abri de la maladie la plus grande partie du corps d'armée, car, messieurs, vous voudrez bien nous faire l'honneur de penser que nous avions prévu l'éventualité d'une campagne d'automne, — je l'affirme, et je voudrais bien qu'on me crût, — et que le Gouvernement n'était pas aveugle au point d'avoir oublié que le retour de l'automne est le signal habituel des insurrections sur la terre africaine. Nous le savions fort bien; nous le savions d'autant mieux que nous étions avertis par les massacres de Saïda (11 juin), et qu'il était résolu, dans la pensée du Gouvernement, — je ne lui en fais pas un mérite, car tout gouvernement de bon sens aurait agi comme nous, — qu'on ferait de grandes campagnes d'automne, à la fois dans le sud oranais...

M. DE LA ROCHEFOUCAULD, DUC DE BISACCIA. Vous avez déclaré le contraire !

Plusieurs membres à droite. Vous avez dit qu'on n'aurait pas de guerre.

M. LE PRÉSIDENT DU CONSEIL. Il ne faut pas jouer sur le mot de grandes campagnes. (*Exclamations à droite.*)

M. LE PRÉSIDENT DU CONSEIL. Je dis qu'on avait résolu de faire une expédition de deux ou trois colonnes à la fois dans le sud oranais et dans le sud de la régence; mais pour ces opérations complémentaires, M. le ministre de la guerre déclarait qu'il aimait mieux envoyer des hommes nouveaux, des hommes ayant passé l'été dans les garnisons de France : ils arriveront dans la plénitude de leur force, tandis que ceux qui auront passé l'été dans les garnisons d'Algérie seront affaiblis par l'anémie... (*Très bien! très bien! sur quelques bancs.*)

M. GEORGES PERIN. C'est extraordinaire, cette théorie.

M. LE PRÉSIDENT DU CONSEIL... Et c'est ainsi, messieurs, par les raisons que je viens de dire, et qui, à mon sens, sont de sérieuses et fortes raisons de bonne administration militaire, que l'on fut conduit à l'obligation d'appeler les 4es bataillons. C'est avec ces 4es bataillons que le deuxième corps expéditionnaire, qui comprend environ 30,000 hommes, sans compter 11 bataillons, 6 escadrons et 3 batteries, empruntés à l'Algérie, a été constitué et qu'il a été fait face aux exigences de ce grand mouvement de troupes.

Permettez-moi d'ajouter encore deux mots sur le système adopté par M. le ministre de la guerre. Je crois, messieurs, après l'avoir très attentivement examiné, que c'était en vérité le seul pratique : c'était le seul qui respectât l'intégrité des cadres de la mobilisation. En effet, ces 4es bataillons, qu'on a peut-être tort d'appeler 4es bataillons, car ils ne portent pas le numéro 4, sont en sus des trois bataillons actifs et ne comptent pas dans les cadres de mobilisation ; ce sont des bataillons de seconde ligne, destinés à garder les places fortes à la frontière, mission dans laquelle ils peuvent être remplacés, en temps de guerre, par l'armée territoriale. On pourrait les appeler plus justement des bataillons disponibles. Ce sont eux qui ont constitué les régiments de marche, avec lesquels le ministre de la guerre a pu former le contingent du second corps expéditionnaire.

Si l'on revient sur cette question, qui est technique, je ne doute pas que M. le ministre de la guerre n'apporte encore d'autres raisons, et je crois en avoir dit assez pour le moment.

J'ai démontré, messieurs, que la dislocation du corps expéditionnaire était nécessaire : je suis convaincu, en outre, qu'elle a été absolument inoffensive et qu'elle n'a eu, — quoi qu'on en dise, — aucun rapport, aucun lien avec la révolte des tribus du sud de la régence.

Il en est une raison décisive et qui saute aux yeux. Où l'insurrection s'est-elle produite ? Est-ce dans le nord ? Non ! Sur tous les points où stationnaient nos garnisons et dans tout le rayon environnant, partout où l'on savait le mieux, par conséquent, qu'on avait retiré des troupes, l'ordre n'a pas cessé de régner. Le trouble a été apporté des régions du sud, par les tribus du sud insurgées, et nullement par les Kroumirs, les Mogods et les autres peuplades du nord auxquelles nous avions fait sentir la force de notre bras. Aucune de ces peuplades ne s'est insurgée.

D'ailleurs nous n'avons pas laissé le sud de la régence sans y intervenir efficacement et victorieusement ; aussitôt que l'insurrection se manifeste à Sfax, nous la réprimons, et nous envoyons successivement 8,000 hommes sur toute cette côte.

Pourquoi le sud de la Tunisie s'est-il soulevé? Ne croyez pas que ce soit pour avoir entendu dire que nous avions dégarni le nord de la Tunisie; c'est parce que l'état de révolte est l'état permanent, habituel des tribus de cette partie la régence. Il n'y a pas dans le sud de la régence d'exercice sérieux de l'autorité du gouvernement tunisien. De temps en temps l'impôt s'y paye, mais savez-vous comment? On envoie le bey du camp, le frère du bey, avec une petite troupe de 3,000 ou 4,000 hommes, et l'on fait rentrer de la sorte l'impôt tous les deux ans, tous les trois ans, comme on peut... (*Murmures à droite.*)

M. Cuneo d'Ornano. C'est une jolie conquête que vous faites là!

Un membre à gauche. Cela les étonne, ils ne savent pas cela.

M. le président du Conseil. Il n'y a donc rien de surprenant à voir se soulever contre le gouvernement du bey, ou contre le gouvernement français des tribus qui, en réalité, ne reconnaissent aucune autorité.

Croyez bien que la cause de l'insurrection du Sud est ailleurs que dans le retrait d'une partie du corps expéditionnaire; elle est beaucoup plus profonde, elle se rattache à un phénomène social, sur lequel nos agents diplomatiques en pays musulmans appellent depuis longtemps notre vigilance. Ce soulèvement tient à la profonde agitation qui règne dans l'Islam depuis la guerre de Russie contre la Turquie, c'est-à-dire depuis 1877, du fond du Sahara à la frontière algérienne, et sur toutes les rives de la Méditerranée. Aussi bien par le massacre de Saïda que par le massacre de la mission du colonel

Flatters, et par les entreprises du khalifat à Constantinople, le réveil du fanatisme musulman, depuis 1877, est partout attesté; le fait est patent, certain et de grande importance. Et cela m'autorise à dire que la France, en faisant, pour sa propre défense, ce qu'elle a fait en Tunisie, ce qu'elle y fait encore, à l'heure présente, a porté à cette renaissance du fanatisme musulman un coup mortel, qu'elle a rendu ainsi un nouveau et capital service à la cause de la civilisation, qu'elle sert depuis si longtemps. (*Rumeurs et interruptions à droite. — Mouvements divers.*)

M. Laroche-Joubert. Ce sont des guerres de religion!

M. le président du conseil. Si la Chambre veut bien m'entendre...

Plusieurs membres. Reposez-vous!

M. le président du conseil. J'aime mieux continuer...

M. le président. Je prie la Chambre d'écouter M. le président du conseil.

M. le président du conseil. Je voudrais, pour ne pas abuser de la bienveillante attention de la Chambre... (*Parlez! parlez!*) examiner devant elle une dernière question que l'on a assurément le droit de nous poser, et qui est celle-ci : Nous sommes en Tunisie; qu'y faisons-nous? où allons-nous? et comment concevons-nous la solution du problème posé par l'entrée de nos troupes dans la régence de Tunis? (*Rumeurs sur divers bancs.*)

Messieurs, à entendre tout ce qui se dit, à lire tout ce qui s'écrit sur cette affaire de Tunisie, il semble, en vérité, que nous soyons au lendemain d'une sorte de désastre national. Les partis de droite et de gauche ne cessent de nous répéter que l'expédition de Tunisie est un grand malheur, que cette expédition nous a fait perdre nos alliances en Europe, qu'elle a désorganisé notre armée, qu'elle doit être placée sur la même ligne que l'expédition à jamais lamentable du Mexique. Cela s'écrit, messieurs, cela se dit, cela se répand ; et, comme le Gouvernement n'a pas encore eu la parole pour répondre, cela pénètre dans l'esprit public. Il s'est fait, en quelque sorte, sur cette expédition comme une sorte de légende. Et l'on sait qu'il n'y a pas de pays où les légendes se fassent plus vite qu'en France......

Messieurs, ces griefs, ces craintes, ces excès de polémique ne sont en aucune façon d'accord avec la vérité.

Notre armée désorganisée ! Je viens d'exposer que ses cadres de mobilisation sont absolument intacts ; et si, à l'heure qu'il est, les effectifs sont affaiblis, c'est que, entre la classe de 1876, qui vient de partir, et la nouvelle classe, qui n'est pas encore arrivée, il se produit nécessairement un vide d'effectif ; ce vide s'y produit tous les ans à cette même époque ; les sacrifices que nous avons dû faire au corps expéditionnaire de Tunisie l'ont assurément accru, mais ils ne l'ont pas causé.

L'armée n'est point désorganisée, la mobilisation est intacte, et si le malheur voulait qu'une mobilisation fût nécessaire, vous verriez sans la moindre difficulté, sans le moindre trouble, entrer dans ces cadres, qui n'ont pas besoin d'être si nombreux, les nombreuses classes de réservistes qui forment notre véritable force défensive.

Nos alliances perdues !... Messieurs, nous avons signé hier un traité de commerce avec l'Italie... (*Exclamations à droite.*)

Il vous sera soumis, messieurs, mais l'accord s'est fait sans peine entre les représentants des deux gouvernements, et je ne sache pas qu'un traité de commerce ait été jamais le signe d'une mésintelligence profonde entre deux nations voisines et amies.

A l'heure qu'il est, nous avons en Tunisie, autour de Kairouan, une armée de 20,000 hommes, et certes, elle est aux mains de chefs vaillants, habiles, qui ont su la conduire. Je crois qu'il y a peu de marches militaires aussi belles que celle que le général Forgemol vient d'exécuter en douze jours entre Tebessa et Kairouan (*Très bien! très bien! à gauche et au centre. — Rumeurs à droite.*); je crois que, si la constance est pour quelque chose dans les affaires de guerre, il y a peu de faits d'armes aussi considérables et aussi honorables pour notre armée que la campagne qui a commencé par la pointe du général Sabatier sur Zaghouan et qui s'est continuée par cette admirable, cette splendide, cette triomphale marche de la colonne du général Saussier jusqu'à Kairouan. (*Très bien! très bien! à gauche.*)

M. Cuneo d'Ornano. Ce sont nos soldats!...

M. le président du conseil. Ce sont nos soldats, ce sont nos officiers, ce sont nos généraux, c'est le bon vouloir de tout le monde, monsieur! (*Applaudissements à gauche.*)

M. le marquis de la Rochejacquelein. Personne ne le conteste, personne ne l'a jamais contesté, et nous ne nous permettons pas de juger les généraux. Mais ce n'est pas la question.

M. de la Rochette. C'est le ministère qui est en cause; ce n'est pas l'armée!

M. le président du conseil. Il y a plusieurs manières pour les armées modernes, pour une armée française, de se faire de l'honneur. Messieurs, on se fait honneur en versant son sang, en bravant des ennemis nombreux, en livrant des batailles rangées, mais on se fait honneur aussi en subissant des épreuves...

M. LE BARON DE BOURGOING. Nous savons cela aussi bien que vous. (*Rumeurs au centre.*)

M. LE PRÉSIDENT DU CONSEIL. Les troupes françaises nouvelles se font un égal honneur par la persévérance, par la soumission à la règle, le respect de la discipline, par toutes ces vertus moins brillantes, mais plus solides, qu'il faut pratiquer et développer dans ces marches de deux à trois semaines à travers le désert. (*Applaudissements à gauche et au centre.*)

Et les munitionnaires de l'armée, ceux qui la font vivre et la conduisent, qui réunissent les moyens nécessaires pour porter ses bagages, assurer son alimentation, lui procurer l'eau que le sol ne fournit pas... (*Interruptions.*) Messieurs, rien que l'alimentation d'une colonne comme celle du général Saussier, en eau pour le soldat et pour les bêtes de somme, savez-vous ce qu'elle représente ? Plusieurs milliers de chameaux. (*Nouvelles interruptions. — Rires à droite.*)

M. CUNEO D'ORNANO. Les chameaux ne sont pas en cause !

M. LE PRÉSIDENT DU CONSEIL. Je ne puis trouver ces ricanements spirituels, ils me semblent même inconvenants. (*Approbation à gauche.*)

M. LE PRÉSIDENT. Je prie la Chambre d'écouter en silence M. le président du conseil, dont elle a sollicité les explications, et de l'écouter surtout quand il entre dans le vif du débat, en lui prêtant l'attention que mérite tout orateur et particulièrement un membre du Gouvernement.

M. Laroche-Joubert. On n'a pas sollicité ces explications, on a voulu interpeller le ministère.

Voix à droite. On ne conteste pas les faits.

M. le président. J'entends dire qu'on ne conteste pas les faits : c'est une raison de plus pour écouter en silence.

Veuillez continuer, monsieur le président du conseil.

M. le président du conseil. C'est un grand problème d'organisation militaire que celui qui consiste à assurer les convois de transports, à rassembler les mulets et les chameaux nécessaires pour porter les subsistances, les vivres, et particulièrement la consommation d'eau d'une colonne aussi nombreuse. La solution de ces problèmes fait le plus grand honneur, non seulement au commandement, mais à toute l'administration militaire. (*Très bien!* à gauche. — *Rumeurs à droite.*)

J'ai pourtant lu dans des auteurs sérieux que l'expédition sur Kairouan n'avait pas le sens commun, qu'elle ne pourrait mener à rien ; on se demandait même s'il existait un plan de campagne, et l'on ajoutait que très probablement il n'y en avait pas.

Messieurs, il y a un plan de campagne. Ce n'est pas nous qui l'avons fait. Nous estimons que M. le général Saussier et ses collaborateurs, aidés des lumières et des conseils de M. le ministre de la guerre, sont plus compétents pour faire un plan de campagne qu'un cabinet quel qu'il soit.

Il y a un plan de campagne, que nous trouvons fort bon, que l'on poursuit et qui amènera un résultat certain. Lequel ? Messieurs, celui que vous souhaitez tous : la soumission de la régence.

Nous n'avons pas eu, ou plutôt ceux qui dirigent ces

opérations militaires n'ont pas eu d'autre stratégie que de réunir de grandes masses destinées à agir tout autant par l'effet imposant que produit sur le moral des tribus barbares le déploiement d'un grand appareil militaire que par la destruction des insurgés eux-mêmes.

Nous avons préféré cette politique militaire, et vous la préférerez certainement à celle qui a été suivie en d'autres temps. On y mettait alors moins d'efforts, on faisait de moins fortes colonnes, on allait plus vite en besogne : on ne restait pas, pendant des mois, sous le feu meurtrier de la critique qui vous accuse parce que vous paraissez ne pas avancer, et qui ne se rend pas compte que cette interruption apparente des opérations en prépare de plus grandes et de plus sérieuses. En ce temps-là, on allait à Constantine avec peu de monde et peu d'approvisionnements; on en revenait glorieusement, mais battu.

Nous avons voulu, quant à nous, appliquer à la guerre de Tunisie des procédés tout différents; et de même que nous avons soumis le Nord par une expédition dont l'importance a pu paraître disproportionnée avec les résultats militaires proprement dits de la campagne, de même nous avons envoyé dans le sud des forces imposantes, afin de réduire les populations arabes, l'esprit arabe, par la seule démonstration qu'il comprenne : celle de la force. (*Très bien! très bien!*)

Nous avons voulu faire voir à ces tribus barbares et insoumises ce que c'est qu'une armée française et leur faire sentir tout le poids de notre organisation militaire. C'est pour cela que nous sommes allés à Kairouan et que, de là, nous avons le projet, — l'exécution est déjà commencée, — d'envoyer jusqu'à Gabès et à Gafsa des colonnes volantes pour montrer à ces peuplades qu'elles ont affaire à quelqu'un de fort, qui est là, et qui ne s'en ira pas sans avoir obtenu leur soumission.

Il n'y a pas d'autre politique à suivre pour pacifier la régence.

Voilà ce que nous voulons faire, et ce que nous sommes en train d'accomplir.

Je prie la Chambre, dans la délibération à laquelle elle va se livrer, d'éviter avec un soin scrupuleux tout ce qui pourrait entraver, si peu que ce fût, cette action bienfaisante et pacificatrice.

Messieurs, à l'heure qu'il est, notre véritable ennemi en Tunisie, ce n'est pas l'indigène, — nous en venons à bout par la force; — ce n'est pas l'étranger, qui nous regarde et nous jalouse : c'est l'incertitude, l'incertitude apparente seulement, qui règne [sur les résolutions définitives du gouvernement français. (*Très bien! très bien!*)

Croyez bien que, malheureusement, cette polémique ardente à laquelle on se livre depuis deux mois dans notre pays contre l'expédition de Tunisie; ce fait, que des portions importantes de l'opinion publique, que des partis organisés se prononcent ouvertement pour le retrait des troupes et l'abandon de la Tunisie, ne sont point choses indifférentes. Ces dispositions sont connues, escomptées. Croyez bien que le monde arabe, qui possède des moyens d'informations, de communications, si nombreux, si discrets et si sûrs, est au courant de tout ce qui se dit ici ; le grand danger, en ce moment, ce serait de laisser croire qu'un jour vous vous lasserez et que vous abandonnerez votre œuvre. (*Applaudissements à gauche et au centre.*)

Eh bien, messieurs, je vous en supplie, ne faites rien qui puisse donner créance à cette fausse opinion. Deux grands intérêts dominent tout ce débat : un grand intérêt politique et un grand intérêt militaire. Ces deux choses, messieurs, au milieu de nos dissensions, doivent nous être sacrées, à quelque parti que nous appartenions. Ne faites rien qui compromette l'intérêt français; ne faites rien qui puisse porter une atteinte, si faible qu'elle soit, à la juste reconnaissance que nous devons à l'armée et à ceux qui la conduisent. (*Vive approbation à gauche et au centre. — Interruptions à droite.*)

Ne touchez pas, si légère que soit la main, à ces deux grands intérêts; ne touchez pas à la France, ne touchez pas à l'armée! (*Applaudissements prolongés sur un grand nombre de bancs à gauche et au centre.*)

Discours prononcé dans la séance du 9 novembre 1881.

(Présidence de M. BRISSON.)

RÉPONSE A M. CLÉMENCEAU.

M. JULES FERRY, *ministre de l'instruction publique et des beaux-arts, président du conseil.* Messieurs, ce n'est pas moi qui me plaindrai de la prolongation de cet important débat; il me semble qu'en se prolongeant, en se précisant, il s'allège et se simplifie.

L'opposition arrivait ici les mains pleines de révélations et de menaces; on avait entassé sur cette affaire de Tunisie une montagne d'accusations de la nature la plus grave, on y avait impliqué tout le monde, tous ceux qui servent la République légale et constitutionnelle, tous ceux qui peuvent faire obstacle, le Pouvoir d'aujourd'hui, le Pouvoir de demain; on avait, autour de cette question, créé dans les classes populaires, ou tout au moins dans les réunions populaires, une sorte de courant d'opinion d'une grande acuité, d'une grande violence, un de ces courants inoffensifs dans les temps calmes, mais qui deviennent si aisément dangereux dans les temps troublés. On avait parlé de tripotages financiers, de concussions et d'infidélités, accusations meurtrières entre toutes dans ce pays de France si épris d'honnêteté dans les choses d'argent. (*Très bien! très bien!*)

Tous ces griefs, toutes ces révélations, les unes venant de fonctionnaires révoqués, mais confidents, à les entendre, de certains secrets; les autres, de journalistes et même de députés qui étaient allés, dans des missions volontaires, éclaircir et approfondir, avaient-ils dit, la question tunisienne; toutes ces accusations, elles devaient se produire ici, c'est ici qu'elles devaient aboutir; je les ai, dès le premier jour, mises en demeure de se formuler, et j'attends encore et les révélations et les révélateurs. (*Applaudissements au centre et sur plusieurs bancs à gauche.*)

Les mandats si bruyamment donnés et si bruyamment acceptés sont restés prudemment dans la poche des mandataires, et, après qu'on nous avait menacés d'une mise en accusation pour commencer, — c'était le minimum de la peine!... (*Rires au centre.*) — ... après qu'on nous avait parlé d'ordres du jour de flétrissure, tout ce grand tapage a abouti, hier, par la bouche de l'honorable M. Clémenceau, à une demande d'enquête!...

Un membre à gauche. Attendez la fin!

M. LE PRÉSIDENT DU CONSEIL... d'enquête, messieurs, contre des ministres qui auraient, nous disait-on hier, commis deux délits constitutionnels, deux crimes d'État de la nature la plus grave : ils auraient trompé l'ancienne Chambre et ils auraient touché à ces deux prérogatives fondamentales du Parlement et du pays : le droit de paix et de guerre, et le droit de voter l'impôt.

Eh bien, si nous sommes ces ministres-là, je m'étonne que ce soit une demande d'enquête et non pas une demande de mise en accusation qui apparaisse à la tribune. (*Applaudissements au centre et à gauche.*)

M. LAROCHE-JOUBERT. Cela viendra, soyez-en sûr! Je ferai moi-même cette demande.

4

M. LE PRÉSIDENT. N'interrompez pas, monsieur Laroche-Joubert. Vous porterez à la tribune toutes les demandes d'accusation que vous voudrez.

M. LE PRÉSIDENT DU CONSEIL. Messieurs, faut-il mettre au rang des révélations attendues la discussion que l'honorable M. Clémenceau a apportée à la tribune sur trois affaires : celle de Bone-Guelma, celle de l'Enfida et celle du Crédit foncier projeté par M. Collas et M. Léon Renault?

En tout cas, si ce sont là des révélations, elles ne sont pas bien nouvelles, et si on les compare à celles que l'on attendait, on y constate la même atténuation, le même affaiblissement dans les motifs du réquisitoire que dans les conclusions elles-mêmes.

Voyons donc, messieurs, très rapidement, ce que sont ces affaires, à quel titre et pour quelles raisons on les a introduites dans ce débat, en quoi elles peuvent engager la responsabilité du Gouvernement.

Il en est une d'abord qu'il faut écarter absolument : c'est le projet de Crédit foncier mis à l'étude et porté en Tunisie par l'honorable M. Léon Renault. Ce projet, — je suis sur ce point en désaccord avec l'honorable M. Clémenceau, mais le désaccord vient de ce qu'il n'a pas eu dans les mains les informations que je possède et que je vais donner à la Chambre... (*Exclamations ironiques à l'extrême gauche.*), — ce projet n'a été ni soutenu par le Gouvernement, ni appuyé par notre consul, ni réalisé en quelque manière que ce soit. (*Rumeurs sur divers bancs.*)

Vous ne nierez pas qu'il n'ait pas été réalisé, puisque, après quelques jours d'examen, le gouvernement du bey a purement et simplement repoussé l'idée qui lui était présentée par l'honorable M. Léon Renault. J'ajoute que ce projet n'a pas été appuyé, qu'il n'a pas reçu le concours officiel de notre consul général, et que l'auteur du projet n'a obtenu de notre consul général que l'introduction qu'il convient de donner auprès d'un gouvernement étranger à un membre d'une chambre française : des égards et pas autre chose. Je puis fournir la preuve de ce que j'avance.

Si je dis que le projet de Crédit foncier n'a pas été appuyé par le Gouvernement, ce n'est pas que je considère cette affaire comme ayant le moins du monde un caractère suspect. Je ne voudrais pas que de mes paroles pût résulter une impression défavorable, si légère qu'elle fût, aux auteurs du projet. L'idée de constituer un Crédit foncier en Tunisie, de faire des cultivateurs tunisiens, qui ont grand'peine à payer l'impôt, qui sont obligés de le payer à des époques très irrégulières, des emprunteurs du Crédit foncier n'a rien qui me révolte. L'honorable M. Clémenceau a pris soin de vous dire, hier, que la conséquence de cette institution aurait été de multiplier sur le sol tunisien les protégés de la France. C'est là un résultat dont je me serais applaudi. (*Très bien! au centre et sur plusieurs bancs à gauche.*)

Mais, messieurs, M. le ministre des affaires étrangères, dans le moment que nous traversions et au milieu des difficultés de tout ordre, que des affaires autrement graves, autrement importantes pour notre pays et pour son influence nous suscitaient en Tunisie, avait très sagement résolu de ne donner son appui à aucune entreprise nouvelle : et, de fait, non seulement depuis le 23 septembre, jour où M. le ministre des affaires étrangères a pris le portefeuille, mais dès le mois de juillet 1880, vous aurez beau chercher, regarder, scruter, je vous atteste qu'il n'y a pas une seule affaire nouvelle appuyée ou protégée par le Gouvernement français. (*Interruption à droite.*)

Ce n'est pas que les sollicitations lui aient manqué, ce n'est pas qu'il ne se soit trouvé des gens pour demander la concession des ports de Carthage, des concessions de mines et de bien d'autres choses. Il y a dans le cabinet de M. le ministre des affaires étrangères un monceau de documents de ce genre qui dorment du sommeil des demandes ajournées.

Une voix à gauche. Nous verrons cela tout à l'heure à la tribune.

M. Cuneo d'Ornano. Il les avait recommandées dans sa circulaire inscrite au *Livre jaune*. Il leur faisait des prospectus.

M. le président. Veuillez ne pas interrompre. Tout le monde a lu le *Livre jaune !*

M. le président du conseil. C'est pour ces motifs que M. le ministre des affaires étrangères, tout en donnant à M. le Léon Renault une lettre d'introduction auprès de notre consul général...

M. Clémenceau. Il avait donc besoin d'une lettre d'introduction ?

M. le président du conseil... lui écrivait, à la date du 9 décembre 1880, la dépêche confidentielle suivante :

> « *M. le ministre des affaires étrangères*
> *à M. Roustan.*

« Il est bien entendu... »

M. Clémenceau. Cette lettre n'est pas au *Livre jaune !*

M. le président du conseil. Mais, messieurs, on ne peut pas tout mettre au *Livre jaune !* (*Exclamations et rires à droite.*)

M. Clémenceau. Pourquoi pas?

M. le président. Messieurs, n'interrompez-pas. Vos interruptions ne peuvent que nuire à la clarté de la discussion.

M. le président du conseil, *reprenant sa lecture*. « Il est bien entendu que ni M. Renault, ni M. Collas ne sont autorisés à réclamer votre appui officiel, et que votre intervention doit se borner, quant à présent, à leur prêter le concours de votre appui moral et, au besoin, les bons offices du consulat général. Je vous prie de vous référer sur ce point aux réserves contenues dans ma dernière lettre.

« J'ajouterai que, dans le cas où le gouvernement tunisien vous manifesterait à cette occasion le désir de connaître les vues du gouvernement de la République, vous auriez simplement à lui faire savoir que le département ne vous a adressé aucune instruction... » (Dépêche du 9 décembre 1880.)

Un membre à droite. Pourquoi cette dépêche n'est-elle pas au *Livre jaune?*

M. le président du conseil. Et M. Roustan répondait par ce télégramme du 24 décembre 1880.

« M. Léon Renault a présenté son projet au premier ministre mardi dernier. Celui-ci a demandé jusqu'à samedi pour donner une réponse définitive. Ces jours derniers se sont passés en négociations dans lesquelles j'ai prêté à M. Renault tout l'appui compatible avec la réserve que m'imposaient mes instructions. »

Messieurs, quand on connaît ces documents, on s'explique mieux la dépêche que vous a lue hier l'honorable M. Clémenceau, que vous trouverez au *Livre jaune,* page 246, et que je demande la permission de remettre sous vos yeux :

« Ainsi que j'ai eu l'honneur d'en informer Votre Excellence par mon télégramme en date d'hier, je me suis empressé de rassurer le gouvernement tunisien au sujet des mouvements de troupes vers la frontière annoncés par les journaux d'Algérie. »

Ces mouvements de troupes étaient purement imaginaires, je puis vous l'attester.

M. CLÉMENCEAU. Ceci n'est pas dans le *Livre jaune !*

M. LE MINISTRE, *continuant.* « J'ai saisi pour cela une occasion qui s'offrait tout naturellement. En présentant au premier ministre M. Léon Renault, qui était arrivé le matin même, j'ai fait remarquer à Mustapha que le voyage de ce député et les projets qu'il apportait, dans l'intérêt de la Tunisie, étaient la meilleure réponse aux bruits alarmants qu'on répandait depuis quelques jours sur les intentions du gouvernement de la République à 'égard de ce pays.

« Le premier ministre a paru très heureux de ces assurances, qu'il attendait avec anxiété depuis quelques jours. Sans entrer dans le détail des projets présentés par M. Renault, j'ai fait comprendre à Mustapha que leur exécution serait de nature à consolider les relations et l'amitié mutuelle entre les deux pays. Aujourd'hui même, M. Renault doit revoir seul le premier ministre et l'entretenir de la demande d'autorisation dont il est porteur.

« Si Votre Excellence a eu connaissance des articles publiés par les journaux d'Algérie et même par certains journaux de Marseille, elle ne peut être surprise de l'inquiétude qui a régné ici au sujet des concentrations de troupes annoncées à la frontière. Quant aux nouvelles alarmantes répandues sur la santé du bey, et dans lesquelles on a voulu voir une coïncidence avec les projets qu'on nous prête, elles n'ont aucune espèce de fondement. Son Altesse n'a pas même été indisposée. Ces nouvelles n'ont d'ailleurs été connues à Tunis que par les journaux d'Europe ou d'Algérie. »

Eh bien, messieurs, on trouve qu'il y a là dedans une pression exercée sur le bey ; l'honorable M. Clémenceau l'a prétendu. Une pression qui consisterait à dire : « Les journaux d'Algérie vous inquiètent par des nouvelles de mouvements de troupes : ces mouvements de troupes n'existent pas ! » Voilà une singulière pression !

Voix à l'extrême gauche. Du tout !

M. LE PRÉSIDENT DU CONSEIL. Je vous demande bien pardon. « Je me suis empressé de rassurer le gouvernement tunisien, » dit au premier ministre du bey notre consul général. Il ajoute : « Il n'y a pas de mouvements de troupes. » Et vous lui faites dire : « Il y aura des mouvements de troupes si vous ne traitez pas avec M. Léon Renault ! »

D'ailleurs, est-ce que votre traduction n'est pas absolument en contradiction avec la réalité de la situation ? Il n'y avait eu aucun mouvement de troupes menaçant pour la régence.

M. JANVIER DE LA MOTTE. Il y avait eu des mouvements de troupes !

M. LE PRÉSIDENT DU CONSEIL. Du reste, s'il y avait eu une pression exercée, dans l'intérêt des offres faites par l'honorable M. Léon Renault et réclamée par lui, elle aurait produit un très singulier effet.

En effet, deux jours après, le bey de Tunis ou le premier ministre du bey, si inquiet, dites-vous, des mouvements de troupes qu'on annonçait, sur lequel, assurez-vous, les mouvements de troupes devaient agir comme un moyen d'action et d'intimidation, deux jours après, le bey et le premier ministre opposent un refus absolu à la proposition qui leur est faite !

Vraiment, s'il est entré dans le plan du gouvernement français et de l'honorable M. Roustan d'exercer une pression sur le bey, ils ont singulièrement atteint leur but, et la crainte que l'approche de nos armées pouvait exciter dans l'esprit de Mustapha s'est bien vite évanouie !

Mais, messieurs, tout cela n'est pas sérieux; il n'y a évidemment, dans cette entrevue de M. Léon Renault avec le premier ministre du bey, que ce que je vous ai dit, ce que le gouvernement français avait voulu : une neutralité complète du gouvernement français et de son consul général, expressément chargé de dire au gouvernement tunisien que le gouvernement de la République n'avait pas d'opinion dans cette affaire.

Messieurs, les fondements de cette première — dirai-je accusation? le mot est trop fort; je n'ose pas dire insinuation, puisque M. Clémenceau s'en est défendu, — les fondements de cette première articulation sont si légers, si frivoles, que, quand je regarde les choses de près, je suis conduit à me demander et à demander à M. Clémenceau de quel droit et dans quel but il a jeté cet incident dans le débat. A qui se proposait-il de nuire? Est-ce au Gouvernement, en montrant qu'il exerçait sur les résolutions du gouvernement beylical une pression illicite? Mais l'incident a prouvé de la façon la plus claire l'indépendance du gouvernement beylical. Est-ce à M. Roustan, pour lui reprocher un excès de zèle? En effet, le mot a été prononcé.

M. Clémenceau, au cours de son habile discours, a semblé indiquer que les excès de zèle de l'honorable M. Roustan étaient pour beaucoup dans les difficultés actuelles.

Mais je viens de vous montrer qu'il n'y a pas eu excès de zèle dans cette affaire ; et, en vérité, l'excès de zèle sera désormais la chose à redouter le moins de la part de nos consuls généraux... car vous venez de donner à ceux qui défendent avec ardeur les intérêts de nos nationaux à l'étranger une terrible et lamentable leçon. (*Applaudissements à gauche et au centre.*)

Encore une fois, je voudrais bien savoir pourquoi l'on a mis l'affaire du Crédit foncier et le nom de M. Léon Renault dans cette affaire. Je sais bien pourquoi certains journalistes l'y mettent ; je sais bien ce que cherche le rédacteur de l'*Intransigeant* et pourquoi on jette dans les réunions publiques le nom de M. Léon Renault ; je sais que c'est pour l'accoler à un des noms les plus respectés de cette assemblée ; mais je pense que mon honorable collègue, M. Clémenceau...

M. Clémenceau, *se levant*. Je vous donne ma parole d'honneur que je ne sais pas de qui vous voulez parler.

M. le président du conseil. Lisez l'*Intransigeant*.

Voix à gauche. Citez le nom !

M. Clovis Hugues. Vous méprisiez les journaux, hier !

M. le président du conseil. Vous êtes beaucoup trop homme d'esprit et de tact...

M. Clémenceau. Je tiens à ce que mon observation soit consignée au procès-verbal, c'est mon droit : je soutiens que je ne sais pas du tout de qui M. le ministre veut parler. J'en donne ma parole d'honneur. Je crois que personne ne peut douter de ma parole ; je ne le permettrais pas.

A droite. Personne ne comprend ce que M. le ministre a voulu dire.

M. LE PRÉSIDENT DU CONSEIL. Je vous renvoie à la lecture de l'*Intransigeant.*

M. LE COMTE DE DOUVILLE-MAILLEFEU. Pour ma part, je n'accepte pas ce renseignement.

M. CLOVIS HUGUES. Vous avez dit que vous dédaigniez la presse !... (*Interruptions à l'extrême gauche.*)

M. LE PRÉSIDENT. J'invite mes collègues à ne pas prolonger l'incident, et M. le président du conseil à continuer son discours.

M. LE PRÉSIDENT DU CONSEIL. S'il en est ainsi, s'il n'y a aucune pensée d'insinuation contre qui que ce soit dans le parti qu'on a hier, à la tribune, voulu tirer de cet incident, nous n'avons à déduire de tout cela qu'une conclusion : c'est que l'incident n'était pas à sa place ; c'est qu'il n'avait rien à voir dans le débat, où il n'apporte aucune lumière ; c'est qu'il faut le rejeter absolument comme indigne d'y figurer.

A droite. Et l'enquête ! Nous demandons l'enquête !

M. LE PRÉSIDENT DU CONSEIL. Messieurs, la seconde affaire dont M. Clémenceau vous a entretenus est celle de l'Enfida.

Il s'est armé avec une grande habileté et avec toute la verve qui lui appartient, d'une prétendue contradiction qu'il croit découvrir entre le langage que j'ai tenu à cette tribune, à propos de l'affaire de l'Enfida, le 11 avril, et le langage de M. le ministre des affaires étrangères sur le même sujet, dans sa circulaire du 9 mai.

Ce qui a pu donner quelque apparence à la contradiction relevée par l'honorable M. Clémenceau, c'est qu'usant d'un procédé habile, il n'a lu qu'une partie du passage qu'il a cité. S'il vous l'avait lu tout entier, il vous en serait resté une impression bien différente. L'honorable M. Clémenceau prend dans la circulaire de M. le ministre des affaires étrangères datée du 9 mai, la phrase que voici :

« ... Du domaine de l'Enfida transféré, par des moyens illégaux, à une compagnie marseillaise aussi honnête que laborieuse. »

Supprimant tout ce qui est avant et tout ce qui est après, il ajoute :

« C'est là le second motif d'une expédition que nous eussions voulu pouvoir éviter. »

Il en conclut donc que l'affaire de l'Enfida est le second motif de l'expédition.

La première chose à faire, c'est de rapporter le passage dans son entier jusqu'à ses derniers mots, et je suis bien aise de lire tout le passage, non seulement pour répondre à M. Clémenceau, mais pour remettre dans la mémoire de la Chambre, sous ses yeux en quelque sorte, la situation que je lui ai dépeinte, la situation des choses et de notre influence dans la régence au mois de février 1881.

« Jusqu'à ces derniers temps, nous sommes demeurés en excellente intelligence avec le gouvernement de Son Altesse le bey, et si parfois nos rapports avaient été troublés pour le règlement de quelques indemnités dues à nos tribus lésées, l'accord s'était promptement rétabli; il s'était même consolidé à la suite de ces dissentiments légers.

« Mais dernièrement, et par des causes qu'il serait trop délicat de pénétrer, les dispositions du gouvernement tunisien envers nous ont totalement changé; une guerre sourde d'abord, puis de plus en plus manifeste et audacieuse, a été poursuivie contre toutes les entreprises françaises en Tunisie, avec une persévérance de mauvais vouloir qui a amené la situation au point où elle en est arrivée aujourd'hui.

« Le *Livre jaune*, que vous recevrez avec cette lettre, vous montrera les phases diverses qu'ont présentées ces résistances opiniâtres, tantôt simplement tracassières et gênantes, le plus souvent injustes et dommageables. Vous verrez, par des documents authentiques, ce qu'ont été les questions du chemin de fer de la Goulette à Tunis; du câble sous-marin, qu'on voulait rendre indépendant de nos lignes télégraphiques en bravant tous nos droits; du domaine de l'Enfida, qu'on essaye de ravir par des moyens illégaux à une compagnie marseillaise aussi honnête que laborieuse; du chemin de Soussa, dont on entrave, comme à plaisir, l'exécution régulière; et de tant d'autres affaires où la justice, avec l'esprit de conciliation et même de condescendance, n'a pas cessé d'être de notre côté. Rien n'y a fait, et devant un parti pris aussi tenace et aussi peu justifié, il nous a bien fallu reconnaître, à notre grand regret, que l'entente n'était plus possible et que, pour modifier des dispositions si peu équitables, il fallait recourir à d'autres moyens que la discussion loyale et la persuasion, devenues absolument inutiles. »

M. Janvier de la Motte. Ainsi, ce qu'on voulait, c'était la guerre avec le bey et non pas avec les Kroumirs!

M. le président. Monsieur Janvier de la Motte, vous interrompez bien souvent; vous m'obligez à vous rappeler que vos interruptions, à elles seules, pourraient motiver des mesures réglementaires.

M. Janvier de la Motte. Permettez, monsieur le président...

Sur divers bancs au centre. Non! non!

M. Janvier de la Motte. S'il y a lieu de m'adresser des observations, c'est à M. le président qu'il appartient seul de me les faire.

Sur les mêmes bancs. N'interrompez pas! — *A l'ordre!*

M. le président. N'insistez pas, monsieur Janvier de la Motte. Vous n'avez pas à entretenir de colloques avec vos collègues.

M. Janvier de la Motte. Je me tais, puisque vous me le demandez, monsieur le président. (*Assez! — A l'ordre!*)

M. le président du conseil. Messieurs, vous voyez quel rôle joue l'affaire de l'Enfida dans le tableau si véridique, si bien confirmé dans tous ses détails, qu'a tracé la circulaire de M. le ministre des affaires étrangères, en date du 9 mai, insérée au *Livre jaune.* C'est un des traits du tableau, c'est une circonstance venant s'ajouter à beaucoup d'autres pour montrer en quelle décadence était tombée notre légitime et ancienne influence dans la régence de Tunis, et cela n'est nullement en contradiction avec ce que j'ai dit à cette tribune le 11 avril : Ne mêlez pas l'affaire de l'Enfida à la question de l'expédition.

Ce sur quoi j'insistais alors, c'est que l'affaire de l'Enfida était traitée à ce moment d'une manière distincte, entre le gouvernement français et le gouvernement anglais.

Le gouvernement français, disais-je, a accueilli la demande de ses nationaux, la compagnie marseillaise; le gouvernement anglais a accueilli la demande de M. Lévy, son client et son protégé; les deux gouvernements ont négocié entre eux, et il a été bien entendu que la solution de cette question ne pourrait résulter que d'un accord entre le gouvernement français et le gouvernement anglais.

Je disais donc une chose juste et raisonnable, quand je donnais à l'honorable membre, qui ne fait plus partie de cette assemblée, et qui avait jeté l'Enfida dans le débat, ce conseil patriotique. Je lui disais : Prenez garde à vos paroles; ce que vous dites pourrait nous causer des difficultés avec l'Angleterre et faire douter de notre sincérité dans la négociation; ces deux grands pays, la France et l'Angleterre, examineront de concert les affaires de leurs nationaux et les résoudront suivant l'équité.

Ainsi ont-ils fait : le gouvernement anglais a renoncé à appuyer une demande insoutenable; il a reconnu, comme nous, que les tribunaux tunisiens devaient être seuls juges du litige, et le différend a été tranché en faveur du bon droit, en faveur de la société marseillaise. (*Très bien! très bien!*)

De cette société, je voudrais dire encore un mot. Elle a été, comme toutes les sociétés françaises, traitée bien sévèrement à cette tribune par l'honorable M. Clémenceau. Ce sont des affaires, non pas véreuses, — on se sert de ce mot dans les journaux; ici, à la tribune, on dit « fâcheuses », c'est un euphémisme... (*Sourires.*)

... Donc, ce sont des affaires fâcheuses. Eh bien, je ne voudrais pas que cette opinion se répandît hors de notre pays, parmi les étrangers qui nous écoutent, qui lisent nos débats avec une grande attention, quelques-uns avec un certain sentiment de jalousie à l'occasion de cette affaire tunisienne. Je ne voudrais pas que, s'armant des paroles imprudentes de l'honorable M. Clémenceau, on pût dire et faire passer, en quelque sorte, en légende, dans l'Europe, que nous n'avons à l'étranger que des affaires fâcheuses à défendre. (*Applaudissements à gauche et au centre.*) Je ne voudrais pas que cet outrage immérité pesât sur les nationaux courageux qui vont porter nos intérêts et notre civilisation au dehors. (*Très bien! très bien! sur les mêmes bancs.*)

L'affaire de la société marseillaise n'est ni véreuse, ni fâcheuse; c'est une affaire honnête et loyale. Le société marseillaise a acheté du général Khérédine, à beaux deniers comptants, le domaine de l'Enfida. Vous avez dit hier, ou fait entendre, que cette affaire avait été imposée. C'est une erreur absolue. Le général Khérédine a vendu parce qu'on lui offrait un bon prix; il préférait le prix de ce domaine payé par une compagnie française aux revenus hypothétiques d'une grosse rente viagère que le bey lui avait concédée, puis consolidée par la donation de ce domaine.

Le général Khérédine a vendu à des acquéreurs solvables qui lui payaient un prix convenable, et personne au monde n'a exercé, ni de près ni de loin, une pression sur sa volonté.

Vous trouverez, du reste, au *Livre jaune* des lettres du général Khérédine, répondant à des offres postérieures qui lui étaient faites par un groupe de capitalistes tunisiens, sur lequel je ne veux pas m'appesantir en ce moment. Le général Khérédine leur répond : « Vous êtes venus trop tard; j'ai fait tout ce que j'ai pu pour laisser ce domaine entre des mains tunisiennes, mais à présent j'ai vendu à la société marseillaise, qui m'a déjà payé la plus grande partie du prix, et je veux rester fidèle à ma parole. » Voilà comment le général Khérédine a vendu à la société marseillaise, et comment celle-ci a acheté [1].

1. *Voir* la note IX.

Il n'est pas vrai qu'elle ait mis ce domaine en actions. Lorsque M. Clémenceau a parlé hier de cette mise en actions, je me suis permis de l'interrompre; j'ai dit : Serait-ce un crime d'avoir mis en actions le domaine de l'Enfida? Non, assurément. Mais, en fait, messieurs, cela n'est pas. La société marseillaise est une société par actions, comme tout le monde le sait; elle a un gros capital, 60 millions, qu'on n'a pu constituer sous d'autres formes et par d'autres moyens que par la mise en actions; mais je le répète, elle n'a pas mis en actions le domaine de l'Enfida.

Elle a fait, d'ailleurs, une chose honorable que je veux dire à cette tribune.

Possesseur de ce domaine dont l'acquisition était contestée, au plus fort de ce débat dont on peut lire l'exposé et les péripéties dans le *Livre jaune*, elle reçoit une proposition; de qui? — je vous prie, messieurs, de réfléchir à la gravité de l'incident, — elle reçoit une proposition du gouvernement ottoman. On lui apporte un projet de traité tout rédigé, —je l'ai vu, —et on lui offre un bénéfice de 500,000 francs, si elle veut vendre au gouvernement ottoman, représenté par Saïd-Pacha. Eh bien, messieurs, elle a refusé, au plus fort des difficultés qui lui étaient suscitées. Il y a peut-être dans ce refus la preuve d'un sentiment patriotique auquel je suis heureux de rendre hommage ici. (*Marques d'assentiment.*)

Je suis obligé, messieurs, d'entrer dans tous ces détails. (*Très bien! très bien! — Parlez! à gauche.*) Je ne veux rien laisser debout de tout cet habile échafaudage qu'on a apporté hier à cette tribune.

Nous arrivons à l'affaire de Bône-Guelma. L'honorable M. Clémenceau a dit hier, au sujet de la conquête économique de la Tunisie, des choses qui m'ont surpris. A voir la façon dont il poursuivait les sociétés et les capitalistes qui vont porter leurs efforts et leur argent en Tunisie, je croyais qu'il était l'adversaire de ce qu'on a appelé la conquête économique de ce pays. Mais non; il s'en déclare partisan. Je me demande alors pourquoi il entend interdire aux sociétés par actions, aux sociétés qui peuvent avoir des actions susceptibles d'être cotées à la Bourse, d'entreprendre en Tunisie des affaires d'un grand intérêt, exigeant de grands capitaux. De deux choses l'une : il faut blâmer, rejeter comme indigne d'occuper la Chambre et le pays, ce qu'on appelle la conquête économique d'une région voisine de nos possessions algériennes; ou bien il faut accepter que les capitalistes et les sociétés qui entreprennent de fonder là-bas des chemins de fer, des banques, des crédits fonciers et autres entreprises semblables, sont des collaborateurs de la conquête économique, et non pas des coupeurs de bourse qui ne méritent que le mépris et la colère du Parlement. (*Très bien! à gauche.*)

On dirait que l'honorable M. Clémenceau se rattache à l'école politique et sociale qui a été représentée un instant à cette tribune, dans la discussion d'hier, par l'honorable M. Talandier. M. Talandier est grand partisan de la protection de nos nationaux à l'étranger; il veut bien qu'on protège les nationaux, mais pas les ploutocrates, comme il les appelle, les capitalistes; non, pour eux, il ne veut pas de protection. Les ploutocrates nous rongent, les ploutocrates nous dévorent, ne les protégeons pas ; repoussons du pied toutes les sociétés financières, toutes ces sociétés de capitalistes qui portent les capitaux français à l'étranger.

M. Clémenceau ne se sert pas du même langage, mais il est aussi dur pour les ploutocrates que l'honorable M. Talandier; et parmi les ploutocrates, la société de Bône-Guelma a particulièrement attiré l'animosité et les paroles sévères de l'honorable M. Clémenceau. Pourtant, messieurs, c'était bien là, à mes yeux, le terrain le plus naturel d'une intervention du gouvernement français.

A deux pas de nos possessions algériennes, à la porte de l'Algérie, qui nous a coûté si cher à conquérir et à conserver, voilà une ligne de chemin de fer qui s'établit, qui est concédée, allant de Tunis à la frontière algérienne.

Après 1871, quand l'influence française est à bas dans la régence, elle est concédée à une compagnie anglaise, cette ligne qui deviendra essentiellement, selon les mains dans lesquelles elle se trouvera, une ligne de pénétration dans nos possessions ou une ligne de défense. Le bonheur veut que la compagnie anglaise ne puisse pas faire face à ses engagements: elle abandonne la ligne, la concession est périmée. Sous l'impulsion, à la prière du gouverneur général de l'Algérie, l'honorable général Chanzy, qui a attaché son nom à cette affaire, qui y a consacré tout ce qu'il avait en lui d'énergie et de volonté, il se rencontre une petite compagnie d'intérêt local, formée au capital de 12 millions, dans la province de Constantine, la compagnie de Bône-Guelma, qui consent à reprendre l'affaire à son compte; par l'influence du gouvernement français, par son action directe, elle obtient la concession du gouvernement beylical. Et c'est là une mauvaise chose, une chose qui ne regarde pas la France, une affaire de spéculation, un coup de bourse, comme dit M. de Billing?

Je dis, moi, que c'est une chose patriotique, que c'est

une chose honnête, utile, et que ce fut là un coup de fortune pour la France! (*Très bien! très bien! à gauche et au centre.*)

M. DE BAUDRY-D'ASSON. Pour les actionnaires!

M. LE PRÉSIDENT DU CONSEIL. Et cela fut ainsi compris par la Chambre élue en 1876 et qui a siégé jusqu'au mois de mai 1877. C'est elle, c'est sa commission du budget, présidée par l'honorable M. Gambetta et ayant l'honorable M. Sadi Carnot pour rapporteur, qui a donné la concession à la compagnie de Bône-Guelma.

Et, à ce moment-là, tout le monde se félicitait. (*Dénégations à droite.*) Et je me demande, en vérité, si le gouverneur général civil, si le gouvernement central avaient laissé passer une pareille occasion, quels justes reproches on leur eût adressés, quelles malédictions... (*Très bien! et applaudissements.*) quelles accusations d'imprévoyance, de dédain des intérêts français, de légèreté et de routine bureaucratique! J'entends d'ici l'éloquente philippique de l'honorable M. Clémenceau. (*Très bien! très bien!*)

M. CLÉMENCEAU. Vous avez de bonnes oreilles. (*On rit.*)

M. LE PRÉSIDENT DU CONSEIL. Oui, cette concession a été votée par la Chambre avec un empressement patriotique, et j'ajoute avec un silence également patriotique. Car, même pour les assemblées, — je me permets de soumettre cette observation à l'honorable M. Naquet, — il y a des moments, dans les affaires délicates, et surtout dans les affaires extérieures, où le silence est chose patriotique. (*Très bien! très bien!*)

Il est incontestable qu'il y avait profit pour notre pays à faire tomber dans les mains d'une compagnie française, de la compagnie de Bône-Guelma, le chemin de fer de la

Medjerda, ligne de pénétration dans nos possessions algériennes.

Mais il y a, paraît-il, un malheur. La compagnie aurait été à ce moment trop bien traitée par les pouvoirs
publics, et elle traîne après elle, depuis cette époque,
comme un boulet, cette garantie d'intérêts de 6 pour 100
qui fait les frais d'une grande partie du débat sur les
affaires de Tunisie. 6 pour 100 d'intérêts! Cela n'est-il
point criminel? Cela ne révèle-t-il pas immédiatement
une bande d'agioteurs avides de se jeter sur le budget
pour l'exploiter?

Messieurs, puisque l'occasion m'en est forcément four-
nie et que je suis obligé d'entrer dans tous ces détails,
je voudrais dire un mot de cette compagnie et de cette
garantie de 6 pour 100, car je ne voudrais pas laisser
planer sur le gouvernement d'alors ni sur la commission
du budget je ne sais quel soupçon d'imprévoyance ou
d'aveuglement.

Vous allez voir, messieurs, combien cette garantie de
6 pour 100 s'explique naturellement.

Je vous ai dit que la compagnie de Bône-Guelma était
une petite compagnie d'intérêt local, créée dans la province
de Constantine au capital de 12 millions; fondée par le
département, elle avait reçu de lui une garantie d'intérêt de 6 pour 100.

A côté d'elle, pour d'autres lignes algériennes, la compagnie de Paris-Lyon-Méditerranée avait été dotée par
les pouvoirs publics et les assemblées qui se sont succédé
de concessions avec garanties d'intérêt et de subventions
représentant une valeur et des primes supérieures aux
6 pour 100 de la compagnie de Bône-Guelma. Et, en 1876,
quelques mois avant la concession du chemin de fer de

la Medjerda, l'Est-Algérien avait reçu du Parlement une garantie d'intérêt de 6,13 pour 100.

Quand il fut question d'accorder une garantie d'intérêt à la compagnie de Bône-Guelma, on ne faisait donc pas une chose excessive et sortant des précédents; on se conformait à tous les précédents français.

De combien donc est la garantie d'intérêt accordée aux chemins de fer français? Elle est de 5,75 pour 100, c'est-à-dire 4,65, plus 1,10. Tout le monde sait cela. Et une garantie d'intérêt de 6 pour 100 aurait paru trop élevée pour un chemin de fer en Tunisie, alors qu'il était à prévoir qu'on devrait attendre longtemps, bien longtemps, un revenu rémunérateur?...

Ce n'est pas à la légère, croyez-le bien, mais après de mûres réflexions, avec de grandes précautions et après un examen préalable très minutieux, que cette garantie d'intérêt a été accordée par les commissions du budget de 1876 et 1877, dans des conditions qui ne sont pas celles des garanties d'intérêt pour les lignes du continent. Elle a été calculée, non pas sur un capital de premier établissement indéterminé, à fixer plus tard, mais sur un capital de premier établissement limité à 93 millions, et de plus on y a ajouté l'obligation de remboursement, non pas sans intérêts, — comme l'Est-Algérien dont je parlais tout à l'heure, — car la compagnie de Bône-Guelma doit rembourser sa garantie avec les intérêts calculés à raison de 4 pour 100, à partir du jour de la concession.

Eh bien, messieurs, je dis que ce sont là des conditions qui, tout d'abord, devraient dissiper tous ces nuages, toutes ces obscurités fâcheuses que l'on a cherché à accumuler autour de la compagnie de Bône-Guelma.

Je pourrais faire valoir d'autres considérations, et rappeler que ceci se passait en 1877. Or, vous avez accordé il y a quelques mois, au chemin de Dakar, une garantie de 5 pour 100, et aujourd'hui la rente est à 120 ; en 1877, elle était cotée entre 100 et 105 fr. Si vous faites le calcul de la proportion, vous trouverez que c'est une garantie de 6 pour 100 qu'il aurait fallu demander, en 1877, pour la compagnie du chemin de fer de Dakar.

Vous voyez donc bien que, dans cette affaire de Bône-Guelma, rien d'excessif n'a été fait, qu'aucune prime n'a été accordée à l'agiotage, qu'aucun grief ne peut être adressé à qui que ce soit.

Est-ce donc à la compagnie qu'il faut reprocher, comme le disait hier l'honorable M. Clémenceau, d'avoir fait dans ces conditions un traité d'exploitation et un traité de construction ? Vraiment, messieurs, voilà un singulier chef d'accusation ! La compagnie de Bône-Guelma a traité pour la construction avec la compagnie des Batignolles. Eh bien, qu'avez-vous à lui reprocher ? Est-ce que ce n'est pas son droit ? Et, lorsque les inspecteurs les plus difficiles, — je parle de ceux que la presse a envoyés récemment en Tunisie, — ont été unanimes à rendre hommage à la belle et solide exécution des travaux sur la ligne de la Medjerda, je n'ose, en vérité, retenir comme un grief ce traité de construction.

On ajoute qu'il y a un traité d'exploitation. J'ai voulu savoir ce qu'il en était, et tout ce que je puis vous dire, c'est que les renseignements donnés à cet égard par M. Clémenceau ne sont pas exacts, du moins dans la forme sous laquelle ils ont été produits.

Voici ce qui s'est passé :

Il a, en effet, été conclu un traité qui n'expire qu'en 1882, c'est-à-dire à la fin de la période de construction, mais c'est un traité de traction, ce qui est fort différent d'un traité d'exploitation. Si vous voulez obtenir les renseignements les plus complets et les plus minutieux sur tous les détails de cette affaire, M. le sous-secrétaire d'État des travaux publics, l'honorable M. Raynal, qui est là, à son banc, répondra, par la production d'une pièce qu'il m'a montrée, à l'allégation de M. Clémenceau, qui nous disait hier : « Cette compagnie de Bône-Guelma, mais elle ne fait rien ! »

M. le sous-secrétaire d'État pourra vous communiquer un tableau duquel il résulte que les recettes de la compagnie, aussi bien pour la partie algérienne du réseau que pour la partie tunisienne, vont s'accroissant d'une façon normale.

Il me semble que j'ai trop insisté sur ce point...

A gauche et au centre. Non ! non !

M. LE PRÉSIDENT DU CONSEIL..... et je le laisserais tout de suite de côté si je ne relevais dans le discours de l'honorable M. Clémenceau un grief plus étonnant encore que tous les autres : « Ah ! ce qui est grave, dit-il, c'est d'avoir fait intervenir notre consul général pour que la compagnie de Bône-Guelma obtînt le monopole des chemins de fer de la régence. »

Oui, nous l'avouons ; le consul général, qui représente le gouvernement français, a fait tout ce qu'il a pu pour empêcher que des lignes concurrentes fussent créées dans la régence. Il a fait cela, le Gouvernement l'a approuvé, et il serait tout prêt à recommencer. Il en est une bonne raison qui n'aurait pas dû échapper à l'esprit pénétrant de l'honorable M. Clémenceau : c'est qu'en définitive, par cette intervention, ce sont les intérêts du Trésor français que l'on servait, du Trésor qui paye la garantie... (*Très bien! très bien! au centre.*), et auquel porterait nécessairement préjudice la diminution de recettes amenée par l'exploitation de lignes concurrentes...

M. CUNEO D'ORNANO. Nous verrons la carte à payer de la guerre !

M. LE PRÉSIDENT DU CONSEIL. J'en ai fini avec les trois affaires, ou les trois révélations, comme vous voudrez, de l'honorable M. Clémenceau ; mais je voudrais déterminer avec plus de précision qu'il ne l'a fait la relation qui peut exister entre ces affaires et l'expédition tunisienne.

Il ne faut pas laisser croire que l'expédition tunisienne ait été motivée par l'une ou l'autre de ces affaires. Au moment de l'expédition, toutes étaient, les unes écartées, comme celle de l'honorable M. Léon Renault, les autres depuis longtemps terminées. Nous n'avions certes pas pensé à entrer dans la régence pour empêcher la compagnie Rubattino de devenir adjudicataire du tronçon de Tunis à la Goulette.

Si je ne craignais d'introduire ici une parenthèse, je démontrerais que ce n'est pas la faute de la compagnie Bône-Guelma si le tronçon de Tunis à la Goulette a été adjugé à la compagnie Rubattino ; je rappellerais, pour édifier absolument la Chambre sur toute cette affaire, que la compagnie Bône-Guelma avait acheté à la compagnie anglaise en déconfiture le tronçon de Tunis à la Goulette, et que c'est le juge anglais qui n'a pas voulu ratifier le marché : là loi donne ce droit au juge anglais, comme protecteur et tuteur des compagnies par actions, *company limited* ; je dirais encore que la ligne ayant été mise aux enchères, la compagnie Rubattino put se rendre adjudicataire, que le gouvernement italien s'empressa de lui accorder une garantie de 6 pour 100; enfin que, depuis lors, la compagnie Rubattino s'est installée à Tunis comme un adversaire et un concurrent de la compagnie de Bône-Guelma.

C'est de là qu'est venue, — le *Livre jaune* le prouve jusqu'à l'évidence, — l'opposition à l'exécution du chemin de fer de Sousse, malgré les conventions les plus précises, les plus claires, les plus authentiques, et lorsque, de notre part, l'esprit de conciliation, de concession, de transaction, —vous le voyez encore à chaque page du *Livre jaune*, — était poussé à l'extrême limite.

Ce n'est pas cependant pour de tels motifs que nous avons fait l'expédition tunisienne : il ne faudrait le laisser croire à personne. Mais à la suite de tous ces incidents, il s'est manifestement produit dans la régence une situation d'une haute gravité. Toutes les tracasseries suscitées à nos nationaux, tous ces empiétements sur leurs droits, tous ces dénis de justice qui contrastaient si étrangement avec l'attitude amicale et bienveillante, je dirais presque avec la docilité, que, pendant tant d'années, le gouvernement de la régence avait montrée vis-à-vis de la France, provenaient de ce que, dans l'esprit des gouvernants, il s'était opéré une profonde révolution ; c'étaient là des symptômes qui nous montraient que nous n'étions plus tenus pour rien dans la régence, et qu'on se préparait à donner à d'autres la place à laquelle nous avions droit. (*Vifs applaudissements au centre et à gauche.*)

C'est alors, messieurs, que parut dans les journaux français un appel à notre protection, un cri de détresse qui était comme l'écho et la justification des craintes que nous gardions pour nous dans le secret de nos délibérations.

On put lire alors dans tous les journaux que nos nationaux présents à Tunis, représentés par les chefs naturels élus par eux, s'étaient rendus, le 14 mars, chez notre consul général, et qu'ils avaient lu à M. Roustan la pièce que je vais remettre sous vos yeux. Vous l'avez tous lue, et ceux qui attaquent aujourd'hui l'expédition de Tunisie l'ont acclamée.

M. CLÉMENCEAU. Pas moi! Je n'ai pas dit cela!

M. LE PRÉSIDENT DU CONSEIL. Oh! non, pas vous, monsieur Clémenceau, vous avez toujours fait exception. (*Rires au centre et à gauche.*)

M. CLÉMENCEAU. Je n'ai pas été le seul.

M. GEORGES PERIN. Il y a eu 18 membres de ce côté de la Chambre (*l'extrême gauche*) qui ont protesté par leur abstention!

A droite. Il y en a eu 120 dans la Chambre!

M. CLÉMENCEAU. Qu'est-ce que c'est que cette pièce? Elle n'est pas au *Livre jaune.*

M. LE PRÉSIDENT DU CONSEIL. La voici. Elle va vous démontrer que l'inquiétude, que l'émotion dont je vous parlais tout à l'heure ne sont pas de l'invention d'un cabinet qui préparait les élections et qui voulait, comme l'a dit M. Naquet, ceindre les lauriers de la victoire; ces sentiments ne correspondaient que trop à la réalité de la situation.

« *A M. Roustan, ministre plénipotentiaire, chargé d'affaires de la République française.*

« Monsieur le ministre,

« Les Français et protégés français établis dans la régence de Tunis vous offrent cette coupe; veuillez l'accepter comme un témoignage unanime de leur vive sympathie, et en souvenir des services que vous n'avez cessé de rendre à la colonie.

« Ils ont tenu à honneur, aux jours difficiles que nous traversons, d'affirmer leurs sentiments de haute estime pour le digne représentant de la République.

« La situation s'est bien modifiée depuis quelque temps en ce qui concerne nos rapports avec le gouvernement local.

« L'opposition, plus ou moins déguisée, faite par le gouvernement tunisien à l'acquisition de toute propriété par des Français ;

« Les obstacles mis, par ce même gouvernement, à l'exécution des concessions déjà obtenues par des compagnies françaises ;

« Les difficultés, pour nos nationaux, d'obtenir justice au Bardo, dans leurs différends avec les sujets indigènes ;

« Les insultes et les actes de violence contre les personnes et les propriétés, commis sur notre frontière et qui demeurent impunis, constituent un ensemble qui motive notre légitime inquiétude.

« De son côté, la France avait toujours été, avant la conquête de l'Algérie, la plus ancienne comme la plus fidèle alliée de la régence de Tunis, et, depuis cinquante ans que cette conquête est accomplie, elle a toujours suivi vis-à-vis de la Tunisie une politique de désintéressement, en s'appliquant à la protéger contre toute ingérence étrangère et en s'efforçant, par son industrie et par ses capitaux, de la mettre au niveau du progrès et de la civilisation.

« Nous n'avons pour l'établir qu'à choisir parmi les

œuvres bienfaisantes dont notre pays a doté la Tunisie :

« La restauration de l'ancien aqueduc de Carthage, qui a été accomplie par des capitaux, des entrepreneurs et sous la direction d'ingénieurs français ;

« L'établissement du télégraphe français dans toute la régence ;

« L'organisation du service postal ;

« La construction de 200 kilomètres de chemin de fer, traversant les plaines les plus fertiles du pays et les mettant en communication avec Tunis et l'Algérie ;

« La création d'une banque de crédit qui a considérablement abaissé le taux de l'intérêt et qui facilitera le développement de l'agriculture, du commerce et de l'industrie,

« Sont autant de créations françaises.

« Et si l'influence d'une nation sur un autre pays ne se mesure pas seulement au nombre de ses nationaux qui y résident, mais à l'importance des intérêts qu'elle y a établis, la France est sans rivale possible en Tunisie.

« Nous avons en effet, par l'Algérie, 300 kilomètres de frontière commune avec la régence.

« Il y a en France pour 100 millions de la dette tunisienne, qui s'élève au total de 125 millions.

« Nous avons, depuis deux siècles, le privilège exclusif de la pêche du corail sur les côtes de la régence, depuis l'île de Tabarque jusqu'aux confins de la Tripolitaine.

« Nous avons les postes ; nous avons le télégraphe ; plus de 50 millions de piastres de propriétés possédées par des Français.

« Le commerce d'importation qui se fait à Tunis est de beaucoup plus important pour la France que pour les autres nations.

« Enfin, nous avons 200 kilomètres de voie ferrée déjà construits, autant de concédés, et les dernières concessions comportent l'établissement d'un port à Tunis auquel aboutiront tous les chemins de fer construits ou à construire, et qui deviendra, par là même, le centre et l'entrepôt d'un commerce considérable.

« Ce sont là, monsieur le ministre, des intérêts de premier ordre, qui doivent solliciter vivement l'attention et la vigilance du gouvernement de la République.

« Or, tous ces avantages et tous les sacrifices que la France a faits depuis cinquante ans pour ce pays, afin de l'élever et de le mettre au niveau de la civilisation ;

« Les intérêts multiples et considérables de nos nationaux qui y sont établis ;

« Le vaste programme de grands travaux d'utilité publique déjà accomplis ou à accomplir ;

« La sécurité de nos frontières algériennes, dont dépend dans l'avenir la conservation de notre belle colonie ;

« Tout cela se trouve à la veille d'être à jamais compromis par la nouvelle attitude du gouvernement tunisien à notre égard et par son impuissance de plus en plus manifeste à faire respecter nos frontières par ses sujets.

« Cette situation est pleine de périls ; il était du devoir de la colonie, qui en est le témoin oculaire, de la signaler au gouvernement de la République, auquel nous vous prions, monsieur le ministre, de vouloir bien transmettre cette adresse, convaincus que nous sommes que le gouvernement républicain, fidèle aux grandes traditions de la politique française, saura, par des mesures promptes, efficaces, et au besoin énergiques, faire respecter par le gouvernement du bey de Tunis les intérêts de la colonie, et l'antique et légitime influence que la France s'est conquise par ses nombreux bienfaits envers la régence.

« Tunis, le 14 mars 1881. »

(*Suivent* 200 *signatures environ.*)

(*Nombreux applaudissements à gauche et au centre.*)

M. Clémenceau. Par qui est-ce signé? C'est signé « Roustan ». (*Exclamations sur divers bancs à gauche et au centre.*)

M. le président du conseil. C'est signé par toute la colonie française.

M. Camille Pelletan. Nous demandons que les signatures soient mises au *Journal officiel*.

M. Cuneo d'Ornano. A cette époque, vous déclariez qu'il s'agissait seulement de réprimer les incursions des Kroumirs. Vous n'en parlez plus.

Plusieurs membres. Quelle est la date de cette adresse?

M. Clovis Hugues. Lisez donc le rapport Leblanc et Quesnel!

M. le président du conseil. Je dis, messieurs, que cette pièce, lorsqu'elle a paru dans les journaux avec de nombreuses signatures...

Un membre. La date de cette adresse?

M. le président du conseil. Elle porte la date du 14 mars... je dis que la publication de cette pièce a jeté dans l'opinion française une très vive et très légitime émotion, et si je vous apportais tous les articles de journaux d'alors, tous, sauf ceux de M. Clémenceau, vous verriez le concert, l'accord qu'il y avait alors, et qui se traduisait par cette note unique : Que le Gouvernement prête l'oreille : notre colonie crie vers la métropole ; elle appelle à son secours, on ne lui répond pas ; le Gouvernement ne fait rien; il est faible, il manque d'énergie. Voilà la note de la presse et de l'esprit public.

M. Georges Perin. Il fallait alors en parler à la Chambre au lieu de parler des Kroumirs.

M. le président du conseil. Vous savez mieux que moi, monsieur Perin, pourquoi nous ne l'avons pas dit à cette tribune, et votre patriotisme devrait vous imposer le silence. (*Vive approbation à gauche et au centre.— Rumeurs à l'extrême gauche.*)

M. Georges Perin. Je demande la parole.

M. le président. Monsieur Perin...

M. Georges Perin *continue, au milieu du bruit, à prononcer des paroles qui ne sont pas entendues.*

M. le président. Laissez-moi donc parler, monsieur Perin. Vous voyez l'inconvénient des interruptions. Si vous n'aviez pas interrompu M. le président du conseil, il n'y aurait pas entre vous et lui la difficulté qui se produit... Je vous prie de garder le silence. Vous répondrez si vous le jugez convenable. (*Très bien! très bien!*)

M. Georges Perin. Je demande la parole.

M. le président. Je vous inscris.

M. Georges Perin. Je répondrai à l'insinuation de M. le ministre.

Sur plusieurs bancs à gauche et au centre. N'interrompez pas! — Assez!

M. le président du conseil. Je n'ai rien insinué.

M. Georges Perin. Si, monsieur le ministre, vous avez fait allusion certainement à une conversation qui a eu lieu entre vous et moi et M. le ministre des affaires étrangères, au mois d'avril, et si vous m'obligez à parler, je parlerai. (*Rumeurs sur plusieurs bancs à gauche et au centre.*)

M. le président du conseil. Messieurs, pendant que

nous observions et que le public constatait avec nous ces symptômes inquiétants pour notre situation à Tunis, les mêmes symptômes, plus marqués encore, plus décisifs, plus inquiétants, étaient constatés sur la frontière algérienne.

L'honorable M. Clémenceau a fait porter sur ce point particulier de la question de Tunis des observations de divers ordres.

Il a dit d'abord : ces difficultés de la frontière tunisienne étaient peu de chose; c'est en quelque sorte le pain quotidien d'une occupation en pays arabe; et des conférences entre des fonctionnaires ou des officiers tunisiens et des officiers français avaient été très heureusement organisées pour couper court, par des transactions opportunes, aux difficultés de cet ordre. Et M. Clémenceau rappelait qu'en 1880 s'étaient tenúes des conférences destinées à régler les indemnités dues à nos tribus pour les déprédations des tribus kroumirs.

Il a rappelé, notamment, une conférence entre un fonctionnaire tunisien et M. le commandant Vivensang, représentant le gouvernement français. C'est vrai, messieurs : à cette date de 1880, on avait pu régler quelques-uns des différends pendants depuis longtemps entre les tribus algériennes généralement envahies et pillées, et les tribus kroumirs généralement envahissantes et pillardes, mais c'était à la condition d'une grande mansuétude de notre part; et vous allez voir tout à l'heure, messieurs, le même officier français constater, quelques mois plus tard, qu'il était devenu impossible de régler désormais, à l'amiable et sérieusement, une affaire quelconque de frontière avec le gouvernement tunisien.

C'est sur ce point, si je ne me trompe, que porte la

demande d'explication qui m'a été faite hier à cette tribune par l'honorable M. Clémenceau. Il s'agit d'expliquer dans une dépêche de M. Roustan, du 11 février 1881, qui est au *Livre jaune*, cette phrase qu'a citée M. Clémenceau : « Enfin, si par amitié pour le bey nous nous résignons, en temps ordinaire, à cet état de choses, doit-il en être de même dans le cas où les circonstances politiques ne commandent pas les mêmes ménagements ? »

Et, là-dessus, l'honorable M. Clémenceau m'a posé cette question catégorique : Quel était ce changement de circonstances qui devait modifier votre attitude vis-à-vis du bey de Tunis et rendre tous ménagements impossibles ?

Ici, messieurs, encore, pour m'expliquer, il me suffira de lire ce que n'a pas lu l'honorable M. Clémenceau. Voici la dépêche de M. Roustan tout entière :

« Je voudrais espérer que la conférence présidée par le colonel Vivensang parviendra à régler à l'amiable ces diverses réclamations, mais j'avoue que l'attitude du gouvernement tunisien me laisse à cet égard des doutes que vous-même devez partager, d'après les observations contenues dans les lettres que vous m'avez fait l'honneur de m'écrire le 1er de ce mois. Dans la première, vous avez constaté la tendance du premier ministre du bey à réduire à des proportions insignifiantes les incendies commis par les Ouchtetas, et qu'impuissant à s'y faire obéir, il cherche à atténuer les faits pour en décliner plus facilement la responsabilité.

« Je partage complètement, monsieur le gouverneur général, sur tous ces points, votre manière de voir, et je suis amené à conclure que, sans mettre en cause la bonne volonté du gouvernement tunisien, qui ne peut avoir intérêt à nous offenser gratuitement, il résulte néanmoins de son impuissance bien constatée que nous ne pouvons compter sur lui pour mettre fin à un état de choses aussi contraire à la dignité du gouvernement de la République qu'aux intérêts des populations placées sous son autorité.

« Nous avons essayé jusqu'ici de la voie diplomatique pour obtenir justice, mais nous ne pouvons plus nous dissimuler aujourd'hui que ce moyen est insuffisant. Les conférences à la suite desquelles nous avons obtenu des indemnités n'ont abouti qu'à des transactions consenties au prix de larges sacrifices de notre part. Si ces transactions ont pallié pour les particuliers certains dommages matériels, elles n'ont jamais stipulé aucune indemnité pour les incendies, aucune punition pour la violation de notre frontière, ni pour les assassinats commis sur notre territoire, si ce n'est la *dhia* ou prix du sang. Si ce mode de répression est admis par l'usage entre les individus d'un même pays, soumis à la même autorité, peut-il être considéré comme suffisant lorsqu'il s'applique à des actes qui violent en même temps le droit privé et le droit international? Si l'on considère que, dans la plupart de ces cas, les agresseurs sont toujours des Tunisiens et les victimes des Algériens, n'est-il pas à craindre que notre prestige auprès des indigènes soit considérablement atteint par un mode de règlement dans lequel les concessions viennent toujours de notre côté? Enfin, si, par amitié pour le bey, nous nous résignons, en temps ordinaire, à cet état de choses, doit-il en être de même dans le cas où les circonstances politiques ne nous commandent pas les mêmes ménagements?... »

Les circonstances politiques, je viens de vous en faire le tableau. On pouvait, vis-à-vis d'un gouvernement ami, bienveillant, fidèle allié, passer l'éponge sur bien des méfaits. On ne le pouvait plus sans péril vis-à-vis d'un gouvernement qui échappait visiblement à notre influence. (*Marques d'assentiment à gauche.*) Et ce n'est pas seulement M. Roustan qui est de cet avis, c'est le commandant Vivensang lui-même, l'excellent officier supérieur, le vieil Africain connaissant à fond cette affaire de la frontière, que le gouverneur général avait chargé de représenter le Gouvernement français dans ces négociations. Or, que disait-il précisément à cette époque?

Dans sa dépêche du 4 mars 1881, — c'est vraiment trop long pour tout vous lire, — il dépeint la situation singulière et vraiment quelque peu ridicule créée par l'impuissance manifeste du gouvernement tunisien et par son mauvais vouloir, non moins éclatant que son impuissance[1].

Le commandant Vivensang est en face d'un délégué tunisien qu'on appelle Si-Hassouna. Le délégué devrait avoir quelque action sur les tribus. Il est envoyé par le gouvernement tunisien pour leur faire accepter les revendications légitimes de la France ; mais ce délégué, — le tableau de sa situation est piquant, — est tellement abandonné par les tribus voisines qu'il ne sait seulement pas où coucher et qu'il n'a pas de quoi donner à manger à ses chevaux. Et quand il est question d'une démarche, d'une action quelconque, ce sont des refus venant à la fois, comme je le disais, et du mauvais vouloir et de l'impuissance. Voici comment conclut le commandant Vivensang ; il conclut absolument comme M. Roustan, dans la dépêche que vous avez invoquée :

« A notre grand regret, les raisons les plus sérieuses

1. *Voir* la note VI.

nous autorisent à croire que cette conférence n'amènera que des résultats négatifs.

« Nous avons conscience, de notre côté, d'avoir tenu la conduite la plus correcte, et d'avoir allié, dans les moindres détails, l'obligeance et l'aménité la plus complètes à la fermeté qui nous avait été commandée.

« Sur le désir de Si-Hassouna, j'ai été autorisé à avoir autour de moi un nombre respectable de cavaliers, et j'ai placé le camp sur la limite des Ouchtetas; Si-Hassouna, à diverses reprises, a exploité cette situation, en cherchant à faire croire aux Ouchtetas et autres voisins récalcitrants que nous allions intervenir immédiatement, s'ils n'allaient pas se soumettre à toutes les conditions qu'il croirait devoir leur imposer ; mais ces menaces se sont toujours heurtées à une complète incrédulité.

« En attendant, la situation du délégué tunisien n'est pas tolérable. Il est toujours isolé à Bou-Chebhoum, ne connaissant pas le pays, n'y ayant aucune attache, ce qui ne l'a pas empêché, hier soir, 3 mars, de répondre à nos si graves demandes de satisfaction d'une manière tout à fait évasive.

« Si-Hassouna passe sous silence la question des réfugiés, question majeure s'il en fut, puisque ce sont ces criminels qui sont les guides, sur notre territoire, de ces bandes de pillards tunisiens qui viennent jeter la terreur, pour ainsi dire, jusqu'aux portes de Bône. Il innocente les Ouchtetas ou autres du crime d'incendie, au moyen de je ne sais quelle déclaration écrite par des Adouls, persuadé sans doute que nous ignorons la valeur qu'il faut attacher à leur justice, à laquelle ils ne croient pas eux-mêmes.

« Il ne dit pas un mot des innombrables violations de

frontière, toutes suivies de meurtres ou de vols, sans doute parce que, malgré ce que j'ai pu lui dire, il n'en saisit pas ou fait semblant de n'en pas comprendre l'importance.

« Quant aux meurtres et aux vols, il facilite sa tâche en les annulant par l'envoi de revendications dont les totaux fantastiques feraient croire que les Ouchtetas ne sont que des apprentis voleurs à côté des gens de nos tribus. »

M. DE LA BASSETIÈRE. Vous vouliez la guerre dès le commencement. Pourquoi ne nous l'avoir pas dit ?

M. GEORGES BRAME. On n'a pas dit cela à la Chambre.

M. LE PRÉSIDENT DU CONSEIL. Pardon ! on a dit tout cela à la Chambre.

Plusieurs membres à droite. Jamais ! jamais !

M. LE PRÉSIDENT DU CONSEIL. C'est dans le *Livre jaune.* Le *Livre jaune* est-il donc un livre secret ?

M. JULES DELAFOSSE. Vous l'avez publié après avoir commencé l'expédition.

M. JOLIBOIS. Vous ne parliez que d'une entreprise; vous ne parliez pas d'une expédition.

M. LE PRÉSIDENT DU CONSEIL. Voilà comment l'honorable M. Clémenceau a pu vous dire hier qu'au mois de mars 1881 il ne se passait rien sur la frontière qui pût alarmer le Gouvernement soit sur sa sécurité, soit sur son prestige, et que les conférences de M. le commandant Vivensang étaient la procédure la plus propre à résoudre toutes les difficultés.

L'honorable M. Clémenceau, abordant un autre ordre d'idées, a dit ensuite, au sujet des frontières : « Vous avez cité des précédents, vous avez cité ceux de la monarchie de Juillet, ceux du gouvernement impérial: ne

voyez-vous pas qu'ils se retournent contre vous? Vous
cherchez une frontière sûre vis-à-vis des Arabes, vous ne
l'aurez jamais! Voilà que vous la reculez jusqu'aux confins de la Tripolitaine, et vous savez bien que les diplo-
mates du gouvernement impérial, comme ceux de la monarchie de Juillet, estimaient que la pire frontière pour
nos possessions algériennes, c'était une frontière turque, et
que si la Tunisie n'existait pas, il faudrait l'inventer.» Et
M. Clémenceau a ajouté :« Vous avez supprimé la Tunisie.»

M. Cuneo d'Ornano. Vous l'avez tuée!

M. le président du conseil. Non, nous n'avons nullement supprimé la Tunisie; et l'observation que vous
faites, si conforme à la tradition de notre diplomatie depuis cinquante ans, est précisément notre justification
et la raison décisive et dominante que nous opposons aux
politiques trop ardents, — il y en avait sur les bancs de
cette Chambre, — qui disaient : Pourquoi n'annexez-vous
pas la Tunisie? L'annexion vaut mieux que le protectorat.

Nous, messieurs, nous estimons que le protectorat vaut
infiniment mieux que l'annexion; nous estimons qu'a-
près le grand déploiement de forces militaires que le
gouvernement français vient de faire dans la régence, le
traité du Bardo pourra commencer à fonctionner et que
nous ne serons pas dans la nécessité d'entreprendre dans
le détail la conquête de la Tunisie. Nous ne voulons pas
de cette conquête et nous n'avons pas intérêt à la faire.
Nous avons intérêt à laisser la Tunisie dans les mains
d'un gouvernement lié à nous par des traités, et notamment par des traités qui ne lui permettent pas, à un moment donné, de se lier avec d'autres puissances. C'est là
notre intérêt capital, et il est suffisamment sauvegardé
par le protectorat.

M. Cuneo d'Ornano. Il faudra une armée d'occupation permanente.

M. le président du conseil. Il y aura des points à occuper d'une manière permanente, cela est incontestable.

Plusieurs membres à droite. Ah! ah!

M. Victor Hamille. Il fallait le dire.

M. de Baudry-d'Asson. Voilà un aveu que nous retenons.

M. le président du conseil. Mais, enfin, est-ce que je dis là quelque chose de nouveau? Il semble, à entendre les interruptions qui viennent de ce côté (*la droite*), que j'entre dans la voie des aveux ou des révélations. Mais, messieurs, tout le monde a connu le traité du Bardo. Il n'a qu'un but : nous permettre d'occuper des points que d'autres pourraient prendre à notre place. (*Applaudissements au centre.*)

L'occupation limitée, infiniment plus limitée que l'expédition militaire actuelle, est la conséquence du traité du Bardo; c'est la seule façon pour nous d'avoir un protectorat sérieux et de fermer cette porte de notre frontière. J'insiste sur ce point, parce qu'il m'amène à répondre tout de suite à une question que me posait M. Clémenceau.

M. Clémenceau n'a touché que d'un mot le côté diplomatique de la question. Je n'y toucherai non plus que d'un mot; j'estime qu'il faut peu parler des choses diplomatiques. Eh bien, l'honorable M. Clémenceau disait : Voici ce qui juge votre politique: en cas de guerre européenne, est-ce que l'échiquier militaire ne sera pas modifié?

Je réponds : oui, il sera modifié, mais à notre profit, en fermant une porte par laquelle on peut entrer chez nous. (*Très bien! au centre. — Rumeurs et rires à droite.*)

M. LE PRÉSIDENT. Messieurs, veuillez faire silence.

M. LE PRÉSIDENT DU CONSEIL. Ce que je dis là, messieurs, est fort sérieux ; mais ni vos interruptions, ni vos murmures ne m'amèneront à vous le démontrer.

M. DELAFOSSE. Cela vous serait difficile !

M. LE PRÉSIDENT DU CONSEIL. Je m'en rapporte, messieurs, à l'opinion de ceux qui voudront réfléchir, car ces choses ne sont point des choses de l'heure et du moment ; ce sont des choses et des œuvres d'avenir.

Eh bien, je prie ceux qui s'occupent de la politique étrangère, — et il en est plusieurs sur les bancs de la droite...

M. DE BAUDRY-D'ASSON. Nous n'avons pas confiance dans un avenir préparé par vous, monsieur le ministre.

M. LE PRÉSIDENT DU CONSEIL. ... de réfléchir à ce qui pourrait arriver dans un temps donné, éloigné j'en suis sûr, dans le cas d'un conflit à propos de la question d'Orient, s'il se produisait dans le bassin de la Méditerranée ; ce jour-là, on reconnaîtra qu'il s'est trouvé en 1881 un ministère qui a pris une initiative périlleuse pour lui, — nous le voyons aujourd'hui, — mais heureuse pour la patrie ! (*Très bien ! très bien ! au centre.*)

J'arrive à une autre partie du débat.

M. LE PRÉSIDENT. Voulez-vous vous reposer, monsieur le président du conseil ?

M. LE PRÉSIDENT DU CONSEIL. Oui, monsieur le président, pendant quelques minutes.

M. LE PRÉSIDENT. M. le président du conseil demande un instant de repos.

La séance est suspendue.

(La séance, suspendue à quatre heures moins vingt minutes, est reprise à quatre heures.)

M. LE PRÉSIDENT. La parole est à M. le président du conseil pour continuer son discours.

M. LE PRÉSIDENT DU CONSEIL. Messieurs, j'ai tâché de répondre à toute la partie du discours de l'honorable M. Clémenceau qui lui appartient en propre. J'arrive maintenant à des arguments qui ont été successivement émis à cette tribune avant lui, et par l'honorable M. Naquet et par l'honorable M. Le Faure.

On a dit que la responsabilité du Gouvernement était engagée. Elle serait, en effet, engagée de la façon la plus grave si, d'une part, il était vrai de dire que le Gouvernement a fait la guerre sans avoir pris le consentement des Chambres, et si on pouvait lui reprocher d'avoir illégalement ouvert des crédits ou fait des virements de crédits prohibés par la Constitution et contraires à votre haute prérogative financière.

Le grief, d'une manière générale, se formule ainsi : Vous avez trompé la Chambre, vous l'avez conduite pas à pas, à tâtons, sans lui dire la vérité, sans lui montrer le chemin, à des résultats qu'elle ne voulait pas.

Messieurs, j'ai déjà par avance répondu, je crois, à cet ordre d'arguments; mais, pour les serrer de plus près, pour vous montrer, à chaque pas fait dans cette affaire tunisienne, la volonté des Chambres associée à l'initiative du Gouvernement, je vous demande la permission de reprendre cette histoire, de la faire avec les documents; ce sont les documents qui plaident pour nous, qui nous défendent, c'est avec les documents seulement que je répondrai aux assertions de nos honorables contradicteurs. Nous avons trompé la Chambre? Quand cela? Est-ce le 5 avril, lorsque la première fois je vins à cette tribune parler des incursions des Kroumirs?

6.

Messieurs, si vous relisez les déclarations que j'eus l'honneur de faire alors au Parlement, vous verrez que, dès ce premier jour, nous ne séparions pas dans notre pensée et la majorité de la Chambre ne séparait pas ces deux buts à atteindre : répression des incursions des Kroumirs et garanties pour l'avenir. Mais enfin, à supposer que, le 5 avril, ces choses n'eussent pas été aperçues, bien peu de jours après, le 11 avril, la Chambre est saisie d'une interpellation dont l'honorable M. Janvier de la Motte est l'auteur ; le débat s'engage alors, et ce débat, chose curieuse, c'est le même que celui d'aujourd'hui ; seulement, il était alors entre nous et le côté droit, et aujourd'hui il est entre nous et l'extrême gauche. (*Mouvements divers.*)

Il n'est pas un seul des arguments produits à cette tribune, sous des formes diverses et avec des talents d'ordre différent, par MM. Naquet et Clémenceau, il n'en est pas un qui n'ait jailli des bancs de la droite dans cette séance du 11 avril : et la question de la guerre déclarée sans autorisation, et le but réel de l'expédition, et ce qui était derrière les Kroumirs. Tout cela, messieurs, c'était la polémique même de l'opposition de droite à ce moment-là !

M. JULES DELAFOSSE. Je vous ai demandé, alors, quel était le but réel de l'expédition, et vous ne m'avez pas répondu !

M. LE PRÉSIDENT DU CONSEIL. Messieurs, je voudrais vous faire voir d'abord ce que j'ai répondu, et cela pourra vous faire comprendre pourquoi je n'ai pas poussé plus loin ma réponse.

A droite. C'est à cause des élections !

M. LE PRÉSIDENT DU CONSEIL. L'honorable M. Naquet,

lui aussi, a fait des lectures; il a même lu un passage que je vous demande la permission de remettre sous vos yeux ; mais il l'a lu avec une grande habileté. Vous l'entendez encore ; moi du moins qui lui prêtais une oreille particulièrement attentive, je l'entends encore, insistant dans sa lecture sur la seule chose qu'il voulût en retenir, modulant d'une voix plus douce, plus basse, les expression qui sont, selon moi, capitales, décisives, que la Chambre, le 11 avril, entendait bien.

Qu'est-ce que j'ai dit? Permettez-moi de vous le relire; ce n'est pas long :

« Messieurs, le Gouvernement aurait devancé spontanément les explications qu'on vient de lui demander s'il avait cru pouvoir ajouter quelque chose à celles qui ont été données, il y a si peu de jours, à cette tribune, et que la confiance unanime de la Chambre a bien voulu accueillir.

« Je n'ai rien à ajouter aux déclarations qui nous ont valu, dans l'une et dans l'autre Chambre, le double témoignage de confiance qui est à la fois notre honneur et notre force. Nous vous avons dit que nous entrions sur le territoire de Tunisie à la fois pour châtier des agressions, dont il me sera permis de dire qu'on parle beaucoup trop légèrement à cette tribune, et pour mettre un terme à une situation qui est, vous le savez aussi bien que moi, absolument intolérable, car elle dure depuis dix ans; or, dix ans, c'est trop pour l'honneur de la France, pour le repos de nos possessions algériennes. Nous allons en Tunisie pour châtier les méfaits que vous connaissez ;

« Nous y allons en même temps », — c'est ce passage que M. Naquet a modulé très bas, et sur lequel j'insiste au contraire, — « nous y allons en même temps pour prendre toutes les mesures qui pourront être nécessaires pour en empêcher le renouvellement. Le gouvernement de la République ne cherche pas de conquêtes, il n'en a pas besoin; mais il a reçu en dépôt, des gouvernements qui l'ont précédé, cette magnifique possession algérienne que la France a glorifiée de son sang et fécondée de ses trésors. Il ira, dans la répression militaire qui commence, jusqu'au point où il faut qu'il aille pour mettre à l'abri, d'une façon sérieuse et durable, la sécurité et l'avenir de cette France africaine. » (*Très bien! très bien! au centre.*)

Et vous dites qu'il ne s'agissait là, pour tout le monde, que d'une rapide incursion sur le territoire des Kroumirs, suivie d'un retour aussi rapide!

M. Jolibois. C'est ce que disaient vos préfets, et ils menaçaient de la prison ceux qui disaient le contraire!

M. le président du conseil. Allons plus loin; la Chambre s'est prononcée à la fin de ce court et décisif débat.

M. Janvier de la Motte. A quelle majorité? (*Rumeurs au centre.*)

M. le président du conseil. Vous avez voté *contre*, monsieur Janvier de la Motte, nous le savons bien.

M. Janvier de la Motte. Assurément!

M. Cuneo d'Ornano. Nous avons voté *contre*, et nous nous en félicitons.

M. le président du conseil. Après les discours de M. Janvier de la Motte et de M. Cuneo d'Ornano, la Chambre a formulé dans un ordre du jour le mandat qu'elle entendait donner au Gouvernement.

Plusieurs ordres du jour étaient en présence.

Voici celui de la droite.

« La Chambre, fidèle interprète des sentiments pacifiques du pays, et convaincue que les opérations militaires engagées sur notre frontière algérienne ont pour unique but de sauvegarder la sécurité intérieure de la colonie, passe à l'ordre du jour. »

Cet ordre du jour, le Gouvernement le repousse, la Chambre ne l'adopte pas.

L'honorable M. Lenglé en dépose un ainsi conçu :

« La Chambre des députés, rappelant au Gouvernement que, pour obéir à la Constitution, aucune guerre ne doit être engagée sans l'autorisation du Parlement, passe à l'ordre du jour. »

Cet ordre du jour-là non plus n'est ni accepté par le Gouvernement ni adopté par la Chambre.

Un membre à droite. Parce que le Gouvernement voulait faire la guerre!

M. LE PRÉSIDENT DU CONSEIL. Un ordre du jour, de la gauche cette fois, de l'honorable M. Duclaud, se trouve en présence d'un autre ordre du jour de la gauche, l'ordre du jour de M. Paul Bert.

M. Duclaud disait :

« La Chambre, confiante que le Gouvernement saura prendre, dans les limites fixées par la Constitution, toutes les mesures nécessaires pour sauvegarder l'honneur, la dignité et les intérêts de la France, à l'occasion des événements de Tunisie, passe à l'ordre du jour. »

M. Paul Bert s'exprimait ainsi de son côté :

« La Chambre, approuvant la conduite du Gouvernement, et pleine de confiance dans son énergie, passe à l'ordre du jour. »

Et, mis en demeure de choisir entre ces différents ordres du jour, voici ce que j'eus l'honneur de répondre :

« Messieurs, le Gouvernement ne peut accepter que l'ordre du jour de M. Paul Bert, parce que seul il lui donne la confiance entière dont nous avons besoin au moment actuel...

« M. JULES DELAFOSSE. C'est un blanc-seing ! »

M. Duclaud alors retire son ordre du jour et se rallie à l'amendement de M. Paul Bert.

M. DUCLAUD. J'ai fait un sacrifice patriotique ce jour-là. (*Applaudissements sur plusieurs bancs.*)

M. LE PRÉSIDENT DU CONSEIL. Assurément, vous avez fait un sacrifice patriotique, et je suis très sûr que vous ne le regrettez pas...

Quelques membres à droite. Si ! si !

M. DUCLAUD, *s'adressant à la droite.* J'ai seul le droit d'exprimer ici mon sentiment !

M. LE PRÉSIDENT DU CONSEIL. Mais le Gouvernement, dans cette affaire, faisait, lui aussi, un sacrifice patriotique. Il faisait le sacrifice patriotique et nécessaire des explications qu'il lui était si facile de donner devant la Chambre et que la Chambre aurait acclamées.

M. JANVIER DE LA MOTTE. Pourquoi ne les avez-vous pas données ? (*Mouvements divers.*)

M. LE PRÉSIDENT DU CONSEIL. Il le faisait, ce sacrifice, parce qu'ainsi doivent être conduites les affaires sérieuses, les affaires diplomatiques, les affaires qui mettent en jeu non seulement les intérêts, mais ce qui est parfois plus grave, et parfois plus à ménager que les intérêts, l'amour-propre des puissances. Il y a des choses qu'on ne peut faire en politique étrangère qu'à la condition de ne pas les crier sur les toits, permettez-moi l'expression. (*Marques d'approbation sur divers bancs.*)

Et il faudra bien, si la France républicaine veut avoir

une politique extérieure, que ce silence patriotique qui, vous le savez bien, fut gardé par tout le monde dans la Chambre à ce moment-là, soit la règle dans tous les cas analogues. (*Nouvelles marques d'approbation.*)

Je soutiens, — et je fais appel ici à toutes les consciences, aussi bien à droite, où l'on voulait nous faire parler, qu'à gauche, où l'on nous engageait à nous taire, parce que l'on comprenait l'intérêt supérieur qu'il y avait à ne rien dire, — je fais appel à toutes les consciences, et je demande que quelqu'un dise ici s'il a jamais cru que le vote de l'ordre du jour de M. Paul Bert nous investissait seulement du pouvoir de chasser quelques Kroumirs et de revenir immédiatement après en France?

Plusieurs membres à droite. Oui! oui!

Sur d'autres bancs. Non! non!

M. René Gautier. Quant à moi, je n'ai voté cet ordre du jour que pour cela!

M. le président du conseil. Nous ne vous avions rien laissé ignorer, et le contrat se faisait à la fois sur l'ordre du jour de pleine et entière confiance et sur les paroles que j'avais prononcées; tout le monde savait que nous voulions non pas seulement une répression passagère, mais bien une solution efficace, durable, et, comme je le disais, des garanties sérieuses; et, pour les avoir, j'indiquais jusqu'où il fallait aller.

M. René Gautier. Et les affiches des préfets!

M. le président du conseil. Qu'est-ce que les préfets ont à faire dans cette question?

M. Jolibois. Les préfets nous menaçaient même d'arrestation et de poursuites si nous disions qu'on faisait, qu'on continuait la guerre en Tunisie.

M. le président du conseil. La Chambre donc se séparait à cette date du 12 avril dernier, pleine de confiance dans le Gouvernement...

M. Laroche-Joubert. Dans sa prudence!

M. le président du conseil....espérant fermement qu'il lui apporterait à son retour une solution qui répondît à ce double intérêt que nous avions eu tant de soin d'indiquer dans des formules qui devaient rester concises, à cause des intérêts supérieurs engagés, mais dont la concision même devait être méditée par tout le monde : châtier les pillards et prendre des garanties contre le retour de pareils méfaits.

Voix à droite. C'était bon à dire aux électeurs!

M. le président du conseil. Eh bien, qu'avons-nous apporté comme garanties? Nous avons apporté le traité du 12 mai, et alors, si quelqu'un ne savait pas, n'avait pas compris, tout était devenu clair, tous les voiles tombaient; le traité du 12 mai disait nettement tout ce qu'il contenait, rien de plus, rien de moins, précisément ce que la Chambre avait voulu : assurer à la fois la répression et surtout les garanties.

Ces garanties, où aurions-nous pu les trouver, et quelles garanties pouvaient être désirées dans cette affaire, sinon l'occupation de certains points?

J'ai entendu M. Clémenceau et d'autres orateurs, M. Naquet, je crois, dire : Oui, mais on pensait qu'il suffirait d'occuper quelques points sur la frontière.

Messieurs, c'est aisé à dire : occuper quelques points, enserrer le territoire des Kroumirs entre un certain nombre de postes, dans une petite ceinture de garnisons françaises... Mais les choses ne s'arrêtent pas en politique toujours là où on voudrait les arrêter. Les événements commandent aux hommes, et les résolutions des gouvernements doivent être à la hauteur des périls possibles.

Donc, nous sommes entrés sur le territoire des Kroumirs, nous sommes dans la régence, nous y faisons la police que le bey est manifestement impuissant à faire. Nous la faisons malgré lui d'abord et, très promptement, d'accord avec lui; car il y a une chose certaine, et c'est un des résultats heureux de cette politique : c'est que le gouvernement du bey sait à merveille, à l'heure qu'il est, qu'il n'a pas d'autre espoir que la protection française, et il est profondément attaché au protectorat de la France.

Alors qu'arrive-t-il? Entre le 12 avril et le 12 mai, nous apprenons que certaines prétentions de divers ordres se révèlent, particulièrement de la part de la Porte, toujours à l'affût d'un événement en Tunisie lui donnant le prétexte de faire valoir ses anciens droits. Nous apprenons que pendant que nous sommes à Béjà, formant autour des Kroumirs la ceinture de fer dans laquelle nous voulions les enserrer et les réduire, on arme à Constantinople des vaisseaux cuirassés, dans l'intention de débarquer des troupes à Bizerte. Et nous sommes allés à Bizerte, messieurs, et personne ne nous en a fait un reproche. Si Bizerte était tombé aux mains de n'importe qui, fût-ce de la Porte, vous voyez d'ici les accusations qui seraient parties contre nous de ces bancs de la Chambre (*l'orateur désigne l'extrême gauche*). (*Applaudissements à gauche et au centre.*)

Nous avons trompé la Chambre en lui apportant le traité du 12 mai, en défendant le traité du 12 mai dans la séance du 24 mai! Je suis désolé, messieurs, de vous imposer des lectures; mais la mémoire des partis et des oppositions est si courte qu'il faut absolument que je remette sous vos yeux, en substance, la séance du 24 mai, comme je l'ai fait pour celle du 11 avril.

Il y a d'abord, dans cette séance, le rapport de M. Antonin Proust : c'est le rapport d'une commission de la Chambre, à laquelle on a pu dire bien des choses qui ne se disent pas à la tribune. Voici comment s'exprime l'honorable M. Antonin Proust lorsqu'il vient proposer à la Chambre de voter le traité du 12 mai :

« Ce traité confirme la politique à la fois ferme et bienveillante que la France s'est constamment attachée à faire prévaloir dans ses rapports avec la régence.

« Il assure au plus riche des États voisins de notre territoire algérien la protection française, que cet État a toujours recherchée comme une garantie d'ordre et comme un bienfait de notre civilisation.

« Il protège la France algérienne contre les dangers des insurrections que le gouvernement du bey est impuissant à prévenir et à réprimer.

« Il ouvre enfin, sous nos auspices, un vaste champ d'activité au commerce de toutes les nations.

« Conformément au désir que vous avez exprimé dans vos bureaux, votre commission a examiné avec le soin le plus scrupuleux chacune des stipulations que renferme le traité du 12 mai 1881, et elle est heureuse de dire qu'il n'en est pas une qui ne témoigne de ce respect des principes du droit international dont la République est résolue à ne jamais se départir.

« Insensible aux suggestions qui lui conseillaient naguère encore une politique intéressée à l'égard de la régence, non moins insouciante des soupçons injustes dont elle a été plus récemment l'objet, la diplomatie française a, par le traité du 12 mai, défini notre rôle à

Tunis dans des termes qui ne prêtent à aucune équivoque et dont la loyauté ne peut que lui assurer les sympathies universelles.

« Elle a déclaré, au début de cette convention, faisant allusion aux troubles du mois de mars dernier, que c'est pour empêcher le renouvellement de semblables désordres qu'elle juge utile de resserrer les relations d'amitié et de bon voisinage consacrées déjà par les traités intervenus entre la France et les beys de Tunis.

« Dans l'article 2, elle a expressément stipulé que le gouvernement de la République française était d'accord avec S. A. le bey de Tunis pour occuper militairement les points qu'elle jugera nécessaires pour assurer la sécurité des frontières et du littoral.

« Elle a stipulé en outre que cette occupation cesserait lorsque les autorités militaires françaises et tunisiennes auraient reconnu d'un commun accord que l'administration locale est en état de garantir le maintien de l'ordre.

« M. le président du conseil et M. le ministre des affaires étrangères ont annoncé à votre commission, au sujet de cet article, que le gouvernement français préparait, de concert avec le bey, l'organisation d'un corps de douaniers et l'institution d'une gendarmerie qui permettront de constituer des éléments de sécurité sérieux et durables. Ils ont ajouté que le gouvernement du bey, pénétré de la nécessité d'assurer les transactions régulières, s'employait déjà très activement depuis le 12 mai à réprimer la contrebande de guerre qui se fait par l'île de Djerba, le port de Gabès et les autres ports du sud de la Tunisie, contrebande que l'article 9 de la convention a cru devoir viser particulièrement.

« Pour montrer que la France veut donner à son allié toutes les sûretés nécessaires, l'article 3 dit que le gouvernement de la République française prend l'engagement de prêter un constant appui à S. A. le bey de Tunis contre tout danger qui menacerait la personne ou la dynastie de Son Altesse ou qui compromettrait la tranquillité de ses États. »

Le texte si clair du traité et le commentaire qui le précise encore font justice, ce me semble, de ce grief étrange que la Chambre en votant n'aurait pas su ce qu'elle faisait.

La Chambre approuvait un traité de garanties, de protectorat, ce qui est identiquement la même chose. Si le mot de « protectorat » n'était pas prononcé en tête de ce document diplomatique, il était dans la clarté de la rédaction même.

Il s'agissait d'assurer au bey la tranquillité de ses États et la protection de sa dynastie, et de nous assurer ce droit fondamental, la seule garantie sérieuse que nous puissions prendre dans la régence, le but capital, essentiel, de notre intervention : le droit d'occuper militairement les points que le gouvernement français jugerait nécessaires pour obtenir la sécurité des frontières et du littoral.

Je sais bien, messieurs, que ni le texte du traité, ni les explications de l'honorable rapporteur n'ont passé sans discussion dans cette assemblée; mais c'est précisément la discussion elle-même qui a marqué le caractère de la mesure, la parfaite conscience qu'avait la Chambre des engagements qu'elle prenait, l'association intime et cordiale qui se nouait, ou plutôt qui se renouvelait alors entre le cabinet et la majorité.

L'honorable M. Delafosse formulait alors l'objection
que MM. Naquet et Clémenceau se sont appropriée; il
disait : « C'est une déclaration de guerre, vous ne res-
pectez pas la Constitution. »

Que répondait l'honorable rapporteur M. Proust, au
nom de la commission de la Chambre?

« En ce qui touche le respect de la Constitution, je ne
m'attarderai pas à justifier la Chambre. Il me suffira de
dire que l'article 9 de la Constitution n'a jamais été en
cause, parce que la guerre n'a pas été déclarée, et que,
comme l'a fait très justement observer tout à l'heure
M. le comte de Roys, les relations diplomatiques n'ont
pas été interrompues avec la régence. On est entré sur le
territoire tunisien parce qu'il était nécessaire d'y entrer
pour assurer la sécurité de nos frontières compromises
par une insurrection. On a enfin conclu un traité qui
n'est pas, comme l'a dit M. Delafosse, un traité de paix,
mais un traité de garantie, c'est-à-dire une convention
faite d'un commun accord entre le Gouvernement de la
République française et S. A. le bey de Tunis, pour
empêcher le retour, sur les frontières de notre territoire
algérien, des troubles qui nous ont forcés de prendre en
main le rétablissement de l'ordre.

« Je crois qu'il ne peut y avoir de doute sur ce point
dans l'esprit d'aucun des membres de la Chambre; j'estime que personne,— et je demande pardon de ce mot,—
ne pense sérieusement que l'article 9 de la Constitution
a été mis en péril par ce qui vient de se passer sur les
frontières de notre colonie algérienne. »

Là-dessus intervient encore l'honorable M. Cuneo
d'Ornano. Comme pour donner à la résolution de la
Chambre une précision plus entière ; l'honorable M. Cuneo

d'Ornano propose de réserver un certain nombre d'articles du traité ; mais lui-même ne va pas jusqu'à proposer le rejet du traité total ; il maintient l'article 2, c'est-à-dire le droit d'occupation.

M. Cuneo d'Ornano. L'occupation provisoire ! Les autres articles du traité stipulaient un protectorat définitif. Le traité est définitif !

M. Gambetta. Il n'y a pas de traité provisoire !

M. le président du conseil. Le traité donne d'une façon définitive au gouvernement français le droit d'occuper dans la régence, quand il le voudra, et aussi longtemps qu'il le voudra, tous les points dont l'occupation lui paraîtra nécessaire pour la sécurité du pays.

M. Cuneo d'Ornano. Et vous garantissez la dynastie !

M. le président du conseil. Mais oui, nous le savons ; c'est dit dans le traité.

Et quant à l'article aux termes duquel le bey s'interdit de faire des conventions analogues avec d'autres États, article dont vous demandiez la suppression, vraiment on nous conseillait une singulière politique ; n'est-il pas évident que sans cette disposition la convention eût été un traité de dupes ?

C'est là-dessus que M. le ministre des affaires étrangères, voulant répondre à l'honorable M. Cuneo d'Ornano, monte à la tribune ; et la Chambre, pénétrée de cette grande nécessité, comprenant que dans des affaires de ce genre, comme je le disais tout à l'heure, le silence était patriotique, la Chambre s'oppose catégoriquement à ce qu'il soit ajouté un seul mot, et vote par 430 voix contre 1 le projet de traité.

M. le comte de Colbert-Laplace. Nous avons voté à 120 voix le renvoi à la commission !

M. Cuneo d'Ornano. Je demande la parole.

M. le président du conseil. Je le demande, est-il possible de dire qu'à ce moment-là la Chambre a ignoré les engagements auxquels elle s'associait?

Non! Aussi bien l'honorable M. Naquet n'est-il pas allé jusque-là. Il est venu seulement, par une confession tardive, nous dire qu'il avait tout voté, mais que, selon une formule qui a été à la mode, il avait voté contraint et forcé, il avait voté la mort dans l'âme, comme on disait dans l'autre Chambre.

Eh bien, je ne crois pas que l'honorable M. Naquet, ni aucun membre de la Chambre, ait voté le traité du Bardo la mort dans l'âme; je crois qu'on l'a plutôt voté avec la satisfaction dans l'âme. Cette satisfaction venait de la pensée qu'on avait assuré définitivement la sécurité de nos possessions algériennes, et que, au milieu de circonstances diplomatiques assez difficiles, dont ce n'est point le lieu ni l'heure de faire le récit, — récit qui, je ne crains pas de le dire, ferait le plus grand honneur à mon honorable et vénérable ami, M. Barthélemy Saint-Hilaire, — la liberté de la France était reconquise et que personne ne songeait plus à lui contester le droit de s'occuper elle-même de ses propres affaires et de traiter l'affaire tunisienne non comme une affaire européenne, mais comme une affaire exclusivement française. (*Très bien! très bien! sur divers bancs.*) C'était là le succès diplomatique, il était complet; vous en étiez satisfait, monsieur Naquet, vous n'aviez pas la mort dans l'âme; vous vous faites tort à vous-même en tenant aujourd'hui ce langage.

Je sais que l'on ne prévoyait pas à cette époque toutes les conséquences que le traité du Bardo pouvait entraîner. Je sais bien que tout le monde à ce moment était

fondé à croire que la manifestàtion de force que nous
venions de faire dans le nord de la régence en assurerait
la pacification.

Mais lorsqu'un traité nécessaire, fondé sur un grand
intérêt national, a été conclu, est-ce que ceux qui l'ont
voté ont le droit de dire qu'ils ont été surpris, parce qu'ils
avaient espéré qu'il serait moins lourd, qu'il imposerait
de moindres sacrifices et que les obligations qui y étaient
inscrites resteraient lettre morte? Ce ne serait pas un langage digne d'une grande assemblée, digne d'un grand
pays ; la France et le Parlement, en souscrivant au traité
du Bardo, ont souscrit à toutes les obligations qu'il renferme, et, dussent les sacrifices que ce traité peut nous
imposer dans l'avenir être plus grands encore, je n'en
continuerais pas moins à dire que nous avons fait une
chose nécessaire, nationale, et que les sacrifices qu'il
nous a coûtés, ou qu'il peut encore nous coûter, ne dépas-
sent pas la mesure du grand intérêt patriotique qui l'a
inspiré.

Il n'est permis à personne de dire qu'il y a des réserves à faire sur ce vote. Les réserves, elles ont été faites
par M. Clémenceau ; il est le seul membre de la Chambre
qui se trouve dans cette situation ; il a fait ses réserves ;
il peut aujourd'hui s'en targuer, mais ceux qui ont entendu la discussion que je viens de résumer, ceux qui
ont voté, ceux qui n'ont pas voulu que le Gouvernement
donnât de plus amples explications, ceux-là n'ont pas le
droit de reprendre en quelque sorte leur vote aujourd'hui
et de protester contre une décision à laquelle ils se sont
librement associés. (*Réclamations à droite.*)

Après avoir ainsi expliqué et en quelque sorte rétracté
son vote du 12 mai, l'honorable M. Naquet est allé plus

loin : il n'a pas craint de formuler contre le Gouvernement une accusation d'une gravité beaucoup plus haute et qui produirait, si elle était fondée, de bien autres conséquences que la mise en accusation du cabinet; il ne s'agit pas, en effet, du cabinet, il s'agit de la Chambre actuelle et de son origine.

Oui, messieurs, j'ai entendu, — et vous avez protesté, car vous avez compris la gravité du grief et de l'accusation, — j'ai entendu l'honorable M. Naquet dire à cette tribune que le Gouvernement avait trompé le pays, qu'il lui avait caché la vérité afin de pouvoir ramener sur ces bancs une majorité fidèle.

Voix à droite et à l'extrême gauche. C'est vrai! c'est vrai!

M. LE PRÉSIDENT DU CONSEIL. J'avais vu jusqu'ici cette accusation dans les journaux de droite et dans les professions de foi des candidats de droite; je ne l'avais pas encore rencontrée dans la bouche d'un membre de la majorité républicaine. (*Exclamations et rires à droite.*)

M. DE LA BASSETIÈRE. C'est cela qui l'a faite, la majorité!

M. LE PRÉSIDENT DU CONSEIL. J'espère que l'expression dont s'est servi l'honorable M. Naquet a dépassé sa pensée; car, si cette formule était juste, si son expression correspondait à sa pensée, il aurait ici posé la première pierre d'une vaste accusation de nullité contre les élections dernières. (*Interruptions diverses.*) Oui, s'il y a eu manœuvre électorale... (*Rumeurs prolongées à droite.*), si ce mot de manœuvre électorale est à sa place ici, c'est l'origine même de la Chambre, ce sont ses pouvoirs, c'est la légitimité et la loyauté de son élection que l'on met en suspicion. Vous n'avez pas le droit de faire cela, messieurs. (*Très bien! très bien!*)

Je trouve dans le discours de l'honorable M. Naquet un argument moins grave que celui-là, mais plus extraordinaire encore. Sa thèse est celle-ci :

« Vous avez toujours subordonné dans cette affaire l'intérêt militaire à l'intérêt politique. » Et, pour bien faire comprendre le danger de cette subordination des intérêts militaires aux intérêts politiques, il nous a dit : « Si vous étiez venus devant la Chambre, si vous aviez suivi la voie droite, si vous aviez sollicité un vote du Parlement approuvant une déclaration de guerre au bey de Tunis, vous seriez allés par mer à Tunis, et rien de ce que est arrivé ne se serait passé. »

Cela semble un peu étrange au Gouvernement, qui s'est trouvé face à face avec toutes les difficultés politiques, diplomatiques, militaires, de cette affaire. Je suis bien aise de faire remarquer à l'honorable M. Naquet qu'il a oublié qu'on ne va pas précisément à Tunis par mer... (*Bruit.*)

M. ALFRED NAQUET. Oh! on va à la Goulette.

M. LE PRÉSIDENT DU CONSEIL. Si on se borne à aller à la Goulette, et à faire à la Goulette ce qu'on a fait à Tanger comme vous le disiez l'autre jour, on n'a rien fait du tout. D'ailleurs, si le bombardement de Tanger a été efficace, c'est qu'au même moment on livrait la bataille d'Isly, et si nous étions allés à la Goulette, ce n'eût été que pour y débarquer un corps d'armée, pour faire, par conséquent, par voie de mer, ce que nous avons fait par voie de terre. S nous avons préféré la voie de terre, je suis bien aise de l'apprendre à l'honorable M. Naquet, c'est que la voie de mer était la seule périlleuse au point de vue des difficultés étrangères ; c'est que l'arrivée de notre flotte à la Goulette y aurait amené nécessairement toutes les flottes de l'Europe. (*Mouvements divers.*)

Est-ce que cette considération ne vous touche pas? Elle nous a touchés, nous; elle nous a décidés, et les mêmes circonstances se représenteraient que nous suivrions la même marche : c'était la seule possible. (*Très bien! très bien!*)

C'était la seule qui pût nous donner le traité de garantie ou de protectorat, — le nom importe peu, — dont nous avions besoin pour assurer la sécurité de la régence.

Messieurs, je voudrais dire encore un mot... (*Parlez! parlez! au centre.*) d'un des points délicats de cette affaire. Je crois avoir suffisamment répondu au premier reproche qui nous a été adressé par l'honorable M. Naquet et par l'honorable M. Clémenceau, d'avoir déclaré la guerre sans le consentement de la Chambre.

Que la Chambre ait su ce qu'elle faisait et jusqu'où elle voulait aller, le jour où elle a voté le traité du Bardo, cela est évident, cela est absolument certain, cela n'est pas sérieusement contestable! Et, à supposer même, — concession que je ne fais que pour le raisonnement, — qu'une déclaration de guerre fût nécessaire, il me semble qu'un triple vote, éclairé par une discussion aussi complète, et notamment le vote sur le traité du Bardo, équivalait, en droit constitutionnel, à toutes les autorisations possibles.

Ce qui importe, c'est que le Gouvernement soit autorisé à faire ce qu'il fait. Or, a-t-il été autorisé? Oui. A-t-on ratifié sa conduite? Oui. A-t-on su ce qu'il faisait et ce qu'il voulait faire? Oui! Donc le Gouvernement n'a pas violé la Constitution. (*Dénégations à droite et à l'extrême gauche. — Assentiment à gauche et au centre.*)

Un membre à droite. Et l'expédition d'automne?

M. LE PRÉSIDENT DU CONSEIL. J'y viendrai tout à l'heure.

Mais, dit-on, le Gouvernement aurait violé la Constitution en touchant au droit supérieur qui appartient à la Chambre de voter les crédits, c'est-à-dire de voter l'impôt. C'est ici que je rencontre l'argumentation de l'honorable M. Le Faure. Je la prends dans sa substance, et j'y réponds le plus brièvement possible, pour ne pas fatiguer votre bienveillante attention.

L'honorable M. Le Faure a dit : « Le Gouvernement nous a trompés, car il nous a annoncé le 9 juin, par le dépôt d'un projet de loi portant ouverture de crédits, et le 15 juin, au cours de la discussion qu'a soutenue M. le ministre de la guerre, que l'expédition était finie, qu'on en réglait les comptes et que les crédits demandés n'étaient en quelque sorte que des crédits pour solde. » Ainsi l'honorable M. Le Faure, comme continuation, comme aggravation de cette première manœuvre qu'on nous impute et qui aurait consisté à cacher la vérité à la Chambre, ajouterait, à la charge du Gouvernement, ce fait, qui serait très grave s'il était vrai, d'avoir ouvert des crédits en dehors de ceux qui avaient été votés par la Chambre, ou d'avoir opéré des virements que réprouvent tous les principes de notre législation financière et parlementaire.

Messieurs, je voudrais répondre d'abord à ce reproche, si grave pour le Gouvernement et particulièrement pour le ministre de la guerre, d'avoir trompé la Chambre, de lui avoir présenté des exposés trompeurs, d'avoir dit que l'expédition était finie. On s'est emparé, à cet égard, avec une très grande habileté, d'une observation que j'ai faite l'autre jour au cours de mon premier discours. J'avais dit, à propos du rapatriement d'une partie du corps expéditionnaire de Tunisie, que des observations avaient été échangées dans le conseil et qu'on avait demandé à M. le ministre de la guerre des éclaircissements dont nous nous étions d'ailleurs déclarés complètement satisfaits.

Le conseil s'était en effet préoccupé d'une éventualité qui pouvait se présenter, qu'aucun homme sensé ne pouvait déclarer impossible : celle d'un mouvement des tribus arabes au commencement de l'automne, au sortir du rhamadan. En vérité, il faut nous supposer un degré d'imprévoyance et d'aveuglement dépassant toutes limites pour nous avoir cru capables de penser que le traité du Bardo avait tranché pour toujours la question tunisienne, et qu'au sortir du rhamadan, au moment où les Arabes reprennent possession de leur sol et de leur libre vie, il ne se produirait aucun mouvement, soit dans le sud oranais, soit dans le sud de la régence. Mais de là on a conclu que, dès ce moment, nous avions formé le dessein de faire en automne une grande expédition, et que nous l'avions préparée à l'insu du pays et de la Chambre tout entière.

Messieurs, quand M. le ministre de la guerre se présentait dans la commission du budget entre le 9 et le 15 juin, et devant la Chambre le 15 juin, assurément il avait, de la prompte conclusion de l'affaire tunisienne, une idée plus favorable que celle qu'il a dû se faire quelques semaines après. La tranquillité la plus grande régnait alors dans la régence.

Mais est-ce que M. le ministre de la guerre a dit à la commission du budget et à la Chambre qu'on allait quitter la régence, que tout était fini et qu'on allait ramener les troupes? Il avait inséré, il est vrai, dans sa demande d'ouverture de crédits, un article relatif au rapatriement; mais il s'agissait là du rapatriement partiel que tout le monde connaissait et qui s'effectuait sous les yeux de tous.

Un membre à droite. Il a dit le contraire!

M. LE PRÉSIDENT DU CONSEIL. Je vous demande bien pardon; jamais M. le ministre de la guerre, jamais aucun membre du Gouvernement n'a dit à la Chambre que l'occupation allait cesser, qu'on allait ramener le corps expéditionnaire et que tout allait être pour le mieux dans la meilleure des Tunisies. Où donc a-t-on vu cela?

Du reste, si l'on avait eu momentanément cette candeur d'imprévoyance, si l'on avait commis une erreur aussi lourde, on eût été bien vite désabusé; car c'est le 28 juin qu'éclate l'insurrection de Sfax, et tout aussitôt, je l'ai déjà dit, les Chambres étant présentes, et l'article du traité du Bardo qui obligeait le Gouvernement à protéger la tranquilllité des États tunisiens devant être exécuté, des troupes sont envoyées à Sfax; cette ville est bombardée, et nous nous en emparons par un coup de main très vigoureux, qui fait beaucoup d'honneur à la marine et à l'armée.

Je l'ai dit, et je le répète, la prise de Sfax est du 10 juillet, et c'est deux ou trois jours après que l'on occupe Gabès et Djerba. Et vous dites que nous avons laissé croire à la Chambre que l'occupation serait limitée aux différents points du nord de la régence qui avaient été choisis à la suite du traité du 12 mai? Mais qui donc s'est plaint alors de l'envoi des troupes à Sfax, à Gabès, à Djerba? Les Chambres étaient réunies; opposants de droite et d'extrême gauche étaient présents. Qui donc s'est plaint alors? On ne se plaignait que d'une chose : c'est qu'on n'envoyât pas assez vite des forces dans le sud de la Tunisie. (*Vives marques d'approbation à droite et au centre.*)

Maintenant, j'arrive à la question de droit financier. Je l'ai déjà longuement expliquée devant la Chambre. J'ai dit que le crédit de 17 millions n'était pas, au moment dont je parle, encore épuisé ; que, par conséquent, les crédits votés n'avaient pas été dépassés, et qu'il n'avait pas été fait de virement. En effet, qu'est-ce qu'un virement?

C'est un acte coupable, qui consiste à détourner des fonds de leur destination. Eh bien, où voyez-vous des virements dans le fait d'avoir imputé sur les crédits de la solde, des vivres et des hôpitaux au budget ordinaire du ministère de la guerre, la totalité des dépenses faites en Tunisie pour les vivres, pour les hôpitaux et la solde? Est-ce qu'il y a eu là détournement? Je l'ai déjà dit à la Chambre : nous aurions eu un crédit de 100 millions, au lieu de 17 millons, nous en aurions demandé 40 ou 50, la polémique des journaux n'aurait pas eu lieu, et pourtant nous n'aurions pas usé d'autres procédés que ceux que nous avons employés. Nous n'aurions pas pu faire davantage; dans ce cas, la distinction entre les crédits ordinaires qui sont affectés à l'entretien des troupes en France, à leur solde, à leurs vivres, à leurs hôpitaux, et les crédits extraordinaires qui, dans la pensée de la commission du budget, s'appliquaient uniquement aux excédents afférents à l'entretien, à la solde, aux vivres et aux hôpitaux du corps expéditionnaire en Tunisie.

Tout cela est tellement clair que je n'ai pas besoin d'insister davantage. Je veux seulement répondre brièvement à une objection de l'honorable M. Le Faure.

M. Le Faure a produit à la tribune une décision de la Cour des comptes, qui date de 1867, et qui qualifie très sévèrement les imputations provisoires à l'aide desquelles on avait pu, à cette époque, construire des fortifications avec les ressources du budget ordinaire. La Cour des comptes avait eu raison, au point de vue de la comptabilité, d'être sévère. Les Chambres d'alors n'avaient pas pu montrer la même sévérité, puisque, en définitive, la construction de ces fortifications avait été motivée par les graves incidents de l'affaire du Luxembourg.

Aussi le gouvernement impérial n'eut-il pas de peine à obtenir un bill d'indemnité que personne ne lui contestait. Mais nous, nous n'avons pas à vous demander de bill d'indemnité; nous vous le demanderions, et, j'en suis sûr, vous nous l'accorderiez; mais nous n'en avons pas besoin. Nous n'avons pas employé les crédits du budget extraordinaire à élever des fortifications; nous nous sommes bornés à ne pas établir une distinction impossible entre le surplus des dépenses du corps expéditionnaire de Tunisie et les crédits qui sont alloués pour l'entretien des mêmes troupes en France. Nous n'avons pas divisé ce qui est pour le moment indivisible, ce qui ne pourra être divisé que dans le compte final. Nous n'avons donc pas commis l'infraction que la Cour des comptes a si justement reprochée, en 1867, à la comptabilité impériale.

Je le répète, il n'y a aucun rapport à établir, aucune comparaison à établir entre ce que nous avons fait et cet abus si grand, qui consistait à construire des fortifications avec des fonds destinés à la solde.

Nous avons employé à la solde ce qui lui appartenait; nous avons employé aux vivres ce qui devait être employé pour les vivres. Seulement, je le répète, nous n'avons pas établi de distinction entre l'ordinaire et l'extraordinaire, parce qu'elle était alors impossible.

M. Le Faure a invoqué aussi le rapport de M. Cochery, et sa doctrine si sévère, si rigoureuse mais si juste, sur le droit d'ouvrir des crédits extraordinaires.

Eh bien, qu'a dit M. Cochery et à quels faits précis se rapporte la doctrine qu'on lui emprunte?

A un fait absolument différent de celui qui nous occupe, M. Cochery, rapporteur du budget, après la période du 16 mai, condamnait avec une extrême sévérité le droit que s'était arrogé le Gouvernement de faire ouvrir par le Conseil d'État, pendant une période de dissolution, des crédits extraordinaires. Il disait très justement : « Oui, dans une intersession, quand la Chambre existe, le Conseil d'État a mandat suffisant pour ouvrir des crédits extraordinaires; mais quand il y a eu dissolution, quand la Chambre est morte, il n'est pas permis, en matière d'ouverture de crédits, de faire intervenir le Conseil d'État, parce que son mandant a disparu et qu'il n'est plus le mandataire de personne. »

J'estime que cette doctrine est juste, irréprochable ; mais il suffit de l'énoncer pour vous [démontrer qu'elle n'a aucun rapport avec notre situation, puisque, lorsque les dépenses ont été engagées, la Chambre n'était pas morte, puisqu'il n'y avait pas eu de dissolution, puisqu'une nouvelle Chambre remplaçait la précédente sans aucune interruption, et qu'enfin nous n'avons pas plus ouvert de crédits de notre pleine autorité que nous n'en avons fait ouvrir par le Conseil d'État.

Messieurs, si je dis toutes ces choses, si je rappelle à la Chambre les engagements qu'elle a pris, la confiance qu'elle nous a donnée, croyez bien que ce n'est pas pour fuir ni pour diminuer la responsabilité particulière du Gouvernement. Non, nous ne cherchons pas à rejeter sur vous seuls la responsabilité de l'expédition de Tunisie.

Nous savons que si les Chambres ont en pareille matière leurs responsabilités, les gouvernements assument sur eux-mêmes la première dans l'ordre des dates, la plus grande dans l'ordre moral : celle de l'initiative. Oui, nous avons pris l'initiative, et nous ne voulons nullement, croyez-le bien, nous dégager de cette responsabilité et la transporter sur les bras de la Chambre ; nous avons pris l'initiative et nous nous en honorons... (*Très bien! très bien! au centre et à gauche.*)

Nous nous en honorons comme un gouvernement a le droit de s'honorer quand il a su saisir l'occasion, quand il a fait à propos, au moment le plus favorable, avec le moins possible de dépenses et d'inconvénients politiques et diplomatiques, une œuvre que commande et que justifie, devant l'histoire et devant la conscience du pays, la sécurité nationale. (*Très bien! très bien! au centre et à gauche.*)

Oui, nous avons pris cette initiative, et c'est de cette initiative que nous vous rendons compte aujourd'hui. Vous statuerez dans votre pleine liberté.

Mais vous n'oublierez pas que cette affaire a subi de singuliers travestissements, qu'il s'est créé d'étranges légendes, et qu'en vérité, à entendre ce qui s'est dit ici depuis quatre jours, il semble que nous soyons une nation malheureuse qui, en présence d'un grand désastre national, en cherche péniblement les éditeurs responsables. Où est donc le désastre national?

L'opération a été un peu plus difficile, elle a été surtout plus longue que nous ne pensions ; elle a été ralentie par les grandes chaleurs, par les difficultés, si vous voulez, d'une organisation militaire qui n'est pas adaptée tout à fait à de pareilles circonstances. (*Très bien! C'est cela! à gauche et au centre.*)

Elle a été entravée, retardée; mais est-ce qu'elle constitue en quoi que ce soit un désastre national?

Voulez-vous compter les morts? (*Oui! oui! à droite.*) Mais je n'oserais dire ici le nombre des tués de la première expédition. Il est, dans tous les cas, certain pour tous que le nombre des tués et des blessés par le feu est extrêmement réduit. Quant aux morts de maladies, on vous en a donné l'autre jour le chiffre authentique : il s'élève à 780. M. le ministre de la guerre vous a démontré qu'il y a là une proportion consolante, et dans une certaine mesure rassurante... (*Murmures et exclamations à droite.*)

A gauche et au centre. N'interrompez pas! écoutez!

M. MARGAINE. C'était bien autre chose devant Sébastopol.

Un autre membre à gauche. Et la Crimée!

M. HENRI VILLAIN. Et le Mexique!

M. LE PRÉSIDENT DU CONSEIL... parce que, à beaucoup d'autres époques, les maladies, la fièvre typhoïde, les fièvres pestilentielles ont fait de bien autres ravages dans les colonnes de nos armées d'Afrique.

M. FARRE, *ministre de la guerre.* Et de la France.

M. LE PRÉSIDENT DU CONSEIL. Eh bien, messieurs, l'expédition de Tunisie a été accomplie au prix de ces sacrifices de vies humaines, relativement restreints, et au prix de sacrifices d'argent dont vous aurez le total dans un projet qui sera déposé dans quelques jours sur le bureau de la Chambre. Vous verrez que jusqu'à la fin de 1881, nous vous demandons, pour compléter les frais de l'expédition tunisienne, une somme de 19 millions en plus; de sorte que l'expédition tunisienne aura coûté, à la fin de l'exercice actuel, — et les calculs ont été largement faits, — environ 40 millions.

M. DE LA BASSETIÈRE. C'est indéfini!

M. CUNEO D'ORNANO. C'est seulement pour la première année.

M. LE PRÉSIDENT DU CONSEIL. C'est la même évaluation, — je tiens à rappeler ce souvenir, — qu'avait donnée l'honorable M. Magnin, mon collègue des finances, avant la fin de la dernière session, à la commission du budget, lorsqu'il délibérait avec elle sur l'emploi à faire des excédents de recettes. Les témoins sont là, les journaux mêmes en font foi.

M. Magnin a tenu bonne note de cette conversation qu'il avait eue avec les trente-trois membres de la commission du budget. Il avait estimé à 40 millions la part qu'il faudrait prélever sur les magnifiques excédents de l'exercice, pour assurer d'une façon complète et décisive la sécurité de nos provinces algériennes.

Est-ce trop cher? Est-ce un désastre? Le résultat nous a-t-il coûté trop d'hommes et d'argent? Je ne puis le croire. Je le dis le front haut : le Gouvernement accepte devant vous la pleine responsabilité de son initiative dans l'expédition de Tunis. (*Marque d'approbation à gauche et au centre.*)

L'honorable M. Clémenceau n'est pas de ce sentiment, et il conclut en demandant une enquête. Une enquête sur quoi? (*C'est cela ! — Très bien! au centre et à gauche. — Rires ironiques sur divers bancs à gauche. — Rumeurs et interruptions prolongées à droite.*) — Une enquête, messieurs, sur tout, car l'honorable M. Clémenceau enveloppe dans sa curiosité législative et l'origine, et la conduite, et les conséquences de l'expédition tunisienne.

A droite. Et il a raison !

M. LE PRÉSIDENT DU CONSEIL. Une enquête sur l'origine ?... Est-ce qu'il vous reste quelque chose à apprendre ? Est-ce que le *Livre jaune*, est-ce que les explications que je viens d'apporter ici, est-ce que les éclaircissements que je suis prêt à vous donner sur tous les autres points ne constituent pas la meilleure, la plus sûre et la plus digne des enquêtes ? (*Très bien ! très bien ! sur un grand nombre de bancs à gauche et au centre.*)

Est-ce que les meilleures enquêtes ne sont pas celles qui se font à la tribune ? Est-il besoin de vous rappeler qu'une Chambre peut avoir quelquefois à se repentir d'ordonner une enquête sur des soupçons légers ou des calomnies audacieuses ?...

Une enquête sur le passé d'un vieil officier général a été ordonnée ; elle est faite, et ceux qui l'ont demandée sont condamnés à venir à cette tribune déclarer qu'ils n'ont rien découvert.

M. BLIN DE BOURDON. Vous en serez quittes pour entendre aussi déclarer qu'on n'a rien découvert.

M. AMÉDÉE LE FAURE. Je demande la parole.

M. LE PRÉSIDENT DU CONSEIL. Une enquête sur la conduite des opérations militaires ? Y pensez-vous, messieurs, et en avez-vous mesuré toute la portée, tout le péril pour la discipline de l'armée, pour la hiérarchie militaire ?

Quoi ! imaginez-vous, apercevez-vous d'ici des commissaires enquêteurs allant en Tunisie vérifier le service des subsistances et des hôpitaux et demander aux soldats, aux officiers, s'ils sont contents de leurs chefs et s'ils ratifient les actes du commandement?

M. CLOVIS HUGUES. On peut bien le faire pour sauver la France !

M. LE PRÉSIDENT DU CONSEIL. Messieurs, cela est impossible ! Cela serait meurtrier pour la discipline, meurtrier pour le bon ordre de votre pays : ce serait le plus déplorable et le plus inutile des précédents.

Je vous en supplie, que les braves gens qui sont là-bas, les généraux, les officiers, les intendants, les munitionnaires, tous ceux qui mettent leur bonne volonté au service de la patrie, n'apprennent pas tout à coup, au milieu des difficultés, des souffrances, des peines qu'ils endurent tous, qu'une Chambre française vient d'ordonner une enquête sur la conduite des opérations militaires. *(Très bien! très bien! Applaudissements à gauche et au centre.)*

M. LE BARON DUFOUR. Ce n'est pas contre eux, c'est contre vous que l'enquête est dirigée.

M. CLOVIS HUGUES. Saint-Just peut bien interroger M. le général Farre !

Une voix à gauche. Où est-il Saint-Just?

M. LE PRÉSIDENT. N'interrompez pas, messieurs.

M. LE PRÉSIDENT DU CONSEIL. Une enquête sur ce que le Gouvernement nous cache, a dit encore M. Clémenceau. Qu'est-ce que le Gouvernement vous cache? Venez le dire à cette tribune. Venez apporter, non pas cette vague assertion que le Gouvernement vous cache quelque chose, mais venez montrer, comme vous feriez devant un tribunal, — car j'imagine que la procédure parlementaire, au moins autant que la procédure judiciaire, doit avoir ses garanties, — venez nous montrer par des faits précis, par des faits pertinents, comme on dit en droit, admissibles, par un commencement de preuves par écrit... (*Très bien! très bien! à gauche et au centre.*); venez démontrer qu'il y a quelque chose à savoir et que nous vous cachons quelque chose! Je vous mets au défi de faire ce commencement de preuve. (*Nouvelle approbation sur les mêmes bancs.*)

Une enquête sur la solution qu'il convient de donner à l'expédition tunisienne? (*Rires et marques d'approbation au centre et à gauche.*)

M. Clémenceau. Cela fait rire ces messieurs!

M. le président du conseil. Prenez garde! car ici, comme je vous le disais l'autre jour, vous toucheriez à la France...

M. Clémenceau. Mais vous n'êtes pas la France!

M. le président du conseil. ... non pas au Gouvernement : le Gouvernement n'a pas la prétention d'être la France; mais vous toucheriez l'intérêt français lui-même. Oui, si vous voulez éterniser l'insurrection tunisienne dans le sud de la régence, si vous voulez donner au fanatisme musulman qui, en ce moment, cède à la force, — car de toutes parts les tribus insurgées viennent demander l'aman aux commandants de nos troupes, — si vous voulez fortifier, alimenter l'insurrection, jeter de l'huile sur ce feu, faites l'enquête que demande M. Clémenceau, enquête qui peut laisser supposer que l'évacuation pourra être une solution. (*Exclamations à gauche et au centre.*)

La seule pensée que cette solution pourrait entrer dans des esprits français, que des députés pourraient la soutenir, et que déjà des journaux français s'en faisaient les partisans, a profondément consterné tous les Français d'outre-mer, toute notre colonie tunisienne. Le président de la

Chambre, le président du Sénat ont reçu des adresses véritablement désespérées des colons français. Voulez-vous me permettre de vous en lire seulement quelques lignes ? (*Rumeurs à l'extrême gauche.*)

A gauche et au centre. Lisez! lisez!

M. LE PRÉSIDENT DU CONSEIL. Je voudrais savoir qui peut trouver à redire à ce qu'à la tribune française on vienne apporter les plaintes respectueuses des Français d'outre-mer.... Voici le document :

« Messieurs les sénateurs, messieurs les députés,

« Les Français et protégés français résidant en Tunisie ne voient pas sans une légitime inquiétude l'attitude prise, depuis quelque temps, par une partie de la presse, sur les affaires de Tunis ; ils se demandent avec anxiété si tous les sacrifices d'hommes et d'argent que fait en ce moment la France n'aboutiront en définitive, comme le demandent certains journaux, à d'autre résultat qu'à les abandonner, eux, leurs familles et leurs biens, aux rancunes et aux vengeances de l'élément indigène sur-excité par le fanatisme religieux...

« Maintenant que nous sommes en Tunisie, que l'œuvre de la pacification des tribus révoltées est à peu près terminée, la France peut-elle retirer son armée?

« Pour hésiter sur cette question, il faudrait méconnaître complètement le caractère arabe, ne tenir aucun compte du fanatisme et des conséquences qu'entraînerait le retrait de nos troupes. Rester à Tunis est aujourd'hui pour la France et pour la République une question d'honneur national. »

Je ne vous lis pas tout le document : c'est, comme je

vous le disais, l'expression d'une plainte respectueuse, c'est une prière.

Voix à droite. Les signatures ?

M. LE PRÉSIDENT DU CONSEIL. Il est signé par les députés de la nation, qui ont le droit de parler pour elle.

Voix à droite. Les noms ! les noms !

M. LE PRÉSIDENT DU CONSEIL. Il est signé par les représentants de la colonie française et entre autres par le premier député de la nation, élu par elle, M. Raymond Valensi.

Je pense qu'il n'est pas besoin d'avoir les signatures de tous les membres de la colonie française pour être convaincu qu'ils s'associent à la prière de leurs députés.

Messieurs, je confie à vos consciences le jugement que vous avez à exprimer et sur les actes du cabinet, et sur sa conduite, et par-dessus tout sur cet intérêt qui passe à nos yeux bien avant tous les autres, sur le grand intérêt national qui commande à la France de conserver son droit d'occupation en Tunisie et d'exécuter avec fermeté, dans la limite de la nécessité seulement, mais avec une absolue fermeté, le traité du 12 mai, le traité du Bardo, que nous nous honorons d'avoir préparé et fait adopter par la presque unanimité de la Chambre. (*Applaudissements répétés à gauche et au centre.*)

NOTE I

La Tunisie et le gouvernement de 1830.

(Mémoires pour servir à l'Histoire de mon temps, t. VI, chap. XXVII.)

« Quelque importance qu'eût à mes yeux la bonne intelligence entre la France et l'Angleterre, et quelque prix que j'attachasse à la confiance chaque jour plus intime qui s'établissait entre lord Aberdeen et moi, j'étais bien décidé à faire partout et en toute occasion ce qu'exigeraient les intérêts sérieux de mon pays et de son gouvernement, sans jamais éluder les embarras diplomatiques qui pouvaient en résulter. Sur terre et sur mer, en Europe, en Asie, en Afrique, en Amérique, dans la Méditerranée et dans l'Océan, les occasions étaient fréquentes, qui suscitaient de tels embarras, car sur tous ces points les deux nations se trouvaient sans cesse en contact avec des raisons ou des routines de rivalité. Notre établissement, en Algérie surtout, était, pour le gouvernement anglais, l'objet d'une préoccupation continuelle. La Porte nourrissait depuis longtemps le désir de faire à Tunis une révolution analogue à celle qu'elle avait naguère accomplie à Tripoli, c'est-à-dire d'enlever à la régence de Tunis ce qu'elle avait conquis d'indépendance héréditaire, et de transformer le bey de Tunis en simple pacha. Une escadre turque sortait presque chaque année de la mer de Marmara pour aller faire sur la côte tunisienne une démonstration plus ou moins menaçante. Il nous importait beaucoup qu'un tel dessein ne réussît point: au lieu d'un voisin faible et intéressé, comme le bey de Tunis, à vivre en bons rapports avec nous, nous aurions eu sur notre frontière orientale, en Afrique, l'empire ottoman lui-même avec ses prétentions persévérantes contre notre conquête, et ses alliances en Europe. Le moindre incident, une inimitié de tribus errantes, une violation non préméditée du territoire, eût pu élever la question fondamentale de notre établissement en Algérie et amener des complications européennes. Nous étions fermement résolus à ne pas souffrir qu'une telle situation s'établît; nous n'avions pas la moindre envie de conquérir la régence de Tunis, ni de rompre les faibles liens traditionnels qui l'unissaient encore à la Porte; mais nous voulions le complet maintien du *statu quo*, et chaque fois qu'une escadre turque approchait ou menaçait d'approcher de Tunis, nos vaisseaux se portaient vers cette côte, avec ordre de protéger le bey contre toute entreprise des Turcs. A plusieurs reprises, je donnai à ce sujet, au commandant de nos forces maritimes dans la Méditerranée, notamment à M. le prince de Joinville, en 1846, des instructions très précises. Je ne m'en tins pas à ces précautions par mer; je voulus savoir si, comme le bruit en avait couru, il était possible que la Porte envoyât des troupes, par terre, de Tripoli à Tunis, et tentât contre le bey un coup de main par cette voie. En juin 1843, je chargeai un jeune homme, étranger à tout caractère officiel, M. Ignace Plichon, de se rendre sans suite à Tripoli, et de faire lui-même la traversée du vaste espace, presque partout désert, qui sépare Tripoli de Tunis, pour reconnaître si, en effet, l'expédition turque dont on parlait était praticable. M. Plichon s'acquitta de cette périlleuse mission avec autant d'intelligence que de courage, et me rapporta la certitude que, de ce côté, nous n avions rien à craindre pour le *statu quo* tunisien. »

Les instructions données au prince de Joinville par Mᵉ Guizot, en juin 1846 (même volume, *Pièces historiques*, XV), prescrivaient au commandant de l'escadre française dans la Méditerranée de se présenter sur les côtes de la régence avec l'escadre entière : « Votre Altesse Royale ne dira point qu'elle vient expressément et spontanément dans le dessein de protéger le bey contre les tentatives qui pourraient le menacer. L'apparition de Votre Altesse Royale devant Tunis fera partie des promenades et des exercices qu'elle fait faire à l'escadre dans la Méditerranée. Mais elle saisira cette occasion pour renouveler au bey l'assurance de la protection du roi, qui persiste et persistera toujours à ne souffrir, dans l'état actuel et traditionnel de la régence, aucune altération. Après avoir ainsi rassuré le bey, Votre Altesse Royale se présentera ensuite avec l'escadre entière, et comme suite de ses exercices, devant Tripoli, et là, dans ses communications avec le pacha, elle lui fera connaître que le roi est informé des menées et des préparatifs auxquels il se livre contre la régence de Tunis, et lui notifiera que le gouvernement du roi, comme il l'a plusieurs fois déclaré à la Porte, est résolu à ne rien souffrir de semblable, et à maintenir, en ce qui touche le bey et la régence, le complet *statu quo*, et que, si quelque tentative hostile avait lieu de sa part sur une partie quelconque du territoire de la régence, Votre Altesse Royale a ordre formel de s'y opposer. Et, le cas échéant, ce qui ne paraît pas probable, vous vous y opposerez, en effet, conformément aux instructions données en 1843, dans des circonstances analogues, à M. le capitaine de vaisseau Le Goavant de Trommelin..... »

M. Guizot ajoutait que, « contenue par nos déclarations et nos actes, la Porte vraisemblablement n'entreprendrait rien. Cependant elle garde toujours certaines velléités et fait de temps en temps des commencements de démonstration, que nous devons surveiller avec soin. On nous annonce à Tunis et à Tripoli, dans ce moment même, qu'une partie de l'escadre turque doit sortir du Bosphore et se rendre à Malte... »

Il y eut plus que des velléités de la part de la Porte en 1881 ; il y eut des résolutions formées et des tentatives d'exécution, qu'une action prompte et décidée du gouvernement de la République pouvait seule conjurer. Tandis que la diplomatie ottomane protestait contre l'entrée des troupes françaises en Tunisie et réclamait, au nom de l'intégrité de l'empire ottoman, l'intervention des puissances signataires du traité de Berlin[1], la Porte formait sérieusement le dessein d'envoyer son escadre à Bizerte. Des forces imposantes devaient être débarquées dans la régence; le bey eût été destitué et remplacé par un vali. Informé à temps de ce projet, le gouvernement français y coupa court par la notification suivante, conforme à tous les précédents :

Paris, 7 mai 1881.

En conséquence d'une délibération du conseil des ministres, le gouvernement français fait à la Porte la notification suivante. Comme la France est actuellement en guerre avec une partie de la population de Tunisie, tout envoi de forces militaires à Tunis de la part de la Turquie, sera considéré comme un acte d'hostilité. L'escadre française aura l'ordre d'arrêter au passage l'escadre turque et de s'opposer par la force à tous débarquements sur un point quelconque de la régence. (*Signé*, B. St-Hilaire.)

Réponse du gouvernement ottoman :

L'éventualité d'une expédition militaire à Tunis serait une conséquence toute naturelle du droit de souveraineté de S. M. I. le sultan sur cette province. Toutefois la Sublime Porte ne voit pas la nécessité d'envoyer des troupes et l'escadre sur les lieux : deux bateaux seulement seront détachés de la marine impériale à destination de Tunis. (Communication d'Essad-Pacha à M. Barthélemy Saint-Hilaire, du 11 mai 1881.)

A quoi M. Barthélemy Saint-Hilaire répliqua :

Le conseil des ministres, à qui j'ai fait part de votre lettre, apprécie hautement la première partie de la communication de la Porte ottomane, et il tient grand compte de cette sage résolution. Mais nous ne comprenons pas bien quel peut être, dans les circonstances actuelles, le but de l'envoi des deux bateaux. C'est surtout l'effet moral d'une démonstration quelconque que nous voulons éviter dans les affaires de Tunisie, et l'envoi d'un seul bâtiment ne nous semble pas plus admissible que l'envoi d'une escadre. Les ordres donnés à la flotte française n'admettent aucune exception, et nous invitons la Porte à ne point faire paraître en ce moment son pavillon, ni à Tunis, ni sur aucune partie du littoral. C'est la suite nécessaire de notre communication du 7 de ce mois, à laquelle nous ne pouvons que nous référer.

On sait que la Porte se le tint pour dit.

[1]. Note-circulaire d'Assim-Pacha aux représentants de la Porte à l'étranger. — 10 mai 1881.

NOTE II

La Tunisie et le second Empire.

(Extraits du *Livre jaune* de 1864.)

*Le ministre des affaires étrangères à M. le marquis
de Moustier, ambassadeur de France à Constantinople.*

Paris, le 13 mai 1864.

Monsieur le marquis, bien que les événements de Tunis
ne semblent pas s'être aggravés, ils n'en sont pas moins
de notre part l'objet d'une sollicitude particulière. J'ai lu
avec intérêt le résumé du premier entretien que vous avez
eu sur ce sujet avec Aali-Pacha, et j'ai pris note de ses
assurances. Nous devons en conclure qu'il n'est pas dans la
pensée de la Porte de méconnaître les engagements qu'elle
a pris d'ancienne date envers nous à l'égard de Tunis, et
qu'elle reconnaît que les intérêts spéciaux résultant pour
nous de la possession de l'Algérie ne nous permettraient
pas de laisser porter atteinte dans la régence au *statu quo*
dont la conservation est devenue un des principes, en
quelque sorte traditionnels, de notre politique. C'est en
nous plaçant à ce point de vue que nous désirons le maintien de la famille aujourd'hui en possession du pouvoir à
Tunis, parce que sa déchéance ne pourrait s'accomplir sans
provoquer des compétitions et amener peut-être des luttes
d'influence qu'il est évidemment préférable d'écarter.

Je vous prie, monsieur le marquis, de ne négliger aucune

occasion de vous assurer des véritables intentions et des vues du gouvernement ottoman, et de lui faire savoir en même temps que, dans les limites que je viens d'indiquer, la Porte nous trouvera toujours disposés à nous entendre avec elle.

Agréez, etc.

Signé : DROUYN DE LHUYS.

Le ministre des affaires étrangères à M. le marquis de Moustier, à Constantinople.

Paris, le 10 juin 1864.

Monsieur le marquis, j'ai reçu une dépêche du prince de La Tour-d'Auvergne, de laquelle il résulte que le principal secrétaire d'État de Sa Majesté Britannique apprécie avec impartialité les intérêts spéciaux que le voisinage de l'Algérie nous crée à Tunis, et la ligne de conduite que nous avons adoptée, en conséquence, vis-à-vis du gouvernement ottoman.

Agréez, etc.

Signé : DROUYN DE LHUYS.

Le ministre des affaires étrangères à M. le prince de la Tour-d'Auvergne, ambassadeur de France à Londres.

Paris, le 19 décembre 1864.

Prince, j'ai déjà eu l'honneur de vous entretenir des affaires de Tunis. Vous savez quelles sont les règles qui dirigent notre politique à l'égard de ce pays. Nous désirons que la Tunisie soit prospère : les rapports commerciaux que nous avons avec elle nous intéressent au développement de la richesse et du bien-être de ses populations. Il nous im porte aussi que la tranquillité soit maintenue dans la régence. Lorsque des troubles s'y produisent, nous devons craindre que le contre-coup ne s'en fasse sentir en Algérie. Nous voulons, enfin, garantir contre tout empiètement l'autorité du prince qui règne à Tunis.

Ne recherchant pas nous-mêmes aucune influence excessive, nous ne pouvons admettre la prépondérance d'une autre puissance, quelle qu'elle soit, sans excepter la Turquie. Les traditions invariables de la politique française, depuis que l'Algérie nous appartient, nous commandent d'empêcher qu'aucun changement ne soit introduit dans les relations du bey de Tunis avec la Porte ottomane, telles qu'un usage constant les a consacrées.

Nous nous sommes plusieurs fois expliqués en toute franchise sur ces principes avec le gouvernement britannique, et, ayant appris de la bouche de lord Cowley que le général Khérédine aurait été chargé de porter à Constantinople un projet d'arrangement destiné à régler les rapports de suzeraineté entre la Porte et le bey, j'ai rappelé à M. l'ambassadeur d'Angleterre que nous étions résolus d'empêcher tout ce qui tendrait à altérer les conditions d'autonomie dans lesquelles se trouve aujourd'hui la régence et à mettre l'Algérie en contact avec la domination ottomane. Nous sommes convaincus, en effet, qu'un tel voisinage modifierait inévitablement les rapports que nous sommes heureux d'entretenir aujourd'hui avec la Porte. Entre des pays habités par des tribus nomades et indisciplinées, la contiguïté amène des discussions ; les querelles s'enveniment et les hostilités éclatent. Si la lutte demeure circonscrite dans les limites des passions locales, elle n'est pas menaçante pour les autres nations, et, faute d'aliments, l'incendie ne tarde pas à s'éteindre.

Mais, admettez que ces territoires appartiennent à deux grands États : le conflit s'étend, de puissantes rivalités s'éveillent, des masses formidables se mettent en mouvement, et une conflagration générale peut sortir de cette étincelle. N'est-ce pas là le spectacle que présente trop souvent l'histoire des rapports de voisinage entre la Russie et l'empire ottoman? Or, en ce qui nous concerne, nous avons à cœur d'éviter à tout prix de semblables dangers. Nous sommes trop les amis de la Porte pour vouloir devenir ses voisins.

Nous avons la confiance que ces graves considérations n'échapperont pas à la sagesse du cabinet britannique.

Agréez, etc.

Signé : DROUYN LHUYS.

Le ministre des affaires étrangères à M. le marquis de Moustier, à Constantinople.

Paris, le 6 janvier 1865.

Monsieur le marquis, la déclaration que vous a adressée Aali-Pacha, en réponse à la note que vous lui aviez transmise au sujet des affaires de Tunis, me paraît très satisfaisante ; ce nouvel engagement, de la part du gouvernement ottoman, de respecter le *statu quo* dans la régence de Tunis, met heureusement fin aux suppositions qu'avait fait naître la mission confiée au général Khérédiné.

D'un autre côté, il résulte d'un rapport du consulat général de Sa Majesté à Tunis, que le gouvernement du bey se défend absolument de l'intention qui lui a été attribuée d'avoir donné à son envoyé à Constantinople aucune mission ayant pour objet d'apporter un changement quelconque dans les rapports actuels de la régence vis-à-vis de la Turquie.

Agréez, etc.

Signé : DROUYN DE LHUYS.

NOTE III

**La politique française en Tunisie jugée
par le Gouvernement anglais.**

Il est assurément d'un grand intérêt de pouvoir opposer
aux récriminations violentes et aux outrages que la presse
anglaise prodigue depuis plusieurs mois à notre politique
en Tunisie, le jugement impartial et l'imposante autorité de
deux hommes d'État qu'on n'accusera pas, apparemment,
d'indifférence pour la grandeur de l'Angleterre ni d'infidé-
lité pour ses vieilles et hautaines traditions. Ce ne sont
pas des politiques de l'école de Manchester, des apôtres de
free trade à outrance et de la paix universelle, des utopistes
et des rêveurs, mais les chefs du dernier cabinet conserva-
teur, lord Salisbury et lord Beaconsfield qui apportent ici
leur témoignage.

Le public connaît désormais, par le *Blue Book* de 1881,
tout ce qu'il importe de retenir d'un des épisodes les plus
secrets du congrès de Berlin. On a dit à ce sujet fort légèrement en France et en Italie « que l'Angleterre avait au
congrès de Berlin, *donné* la Tunisie à la France ». La
France n'avait à tenir de personne, ni de l'Angleterre, ni
du concert européen, les droits qui résultent pour elle de la
contiguïté de possession et des nécessités de la légitime
défense. C'est de lui-même, sans suggestion ni provocation,
que le cabinet anglais, représenté à Berlin par le comte de
Beaconsfield et le marquis de Salisbury, crut devoir exprimer

sur la situation de la France en Tunisie, sur notre prépondérance nécessaire, sur les destinées éventuelles de notre protectorat, des vues entièrement conformes aux intérêts et aux traditions de notre politique. Ces ouvertures se placent, comme chacun sait, au lendemain de la fameuse convention du 4 juin 1878, qui livrait l'île de Chypre à l'Angleterre. Les deux dépêches de M. Waddington au marquis d'Harcourt, du 26 juillet 1878, et du marquis de Salisbury à lord Lyons, du 7 août suivant, publiées pour la première fois au recueil diplomatique anglais de 1881 (*voir* ci-après le texte intégral), ont le caractère et l'autorité d'un procès-verbal authentique. Les réserves mêmes du marquis de Salisbury, non sur le fond des choses, mais sur les formes et les nuances de l'expression, et jusqu'à l'embarras qui perce dans sa réponse ne font que marquer la valeur de ses déclarations. Il affirme, en effet, au nom du gouvernement de la reine :

« Que l'Angleterre a vu avec satisfaction réussir l'expérience que la France poursuit en Algérie, et la grande œuvre de civilisation qu'elle a accomplie dans ce pays. »

(Nous voilà bien loin des dépêches arrogantes, presque menaçantes du cabinet présidé par le duc de Wellington après la conquête d'Alger par Charles X, — bien loin même de la politique inquiète de lord Aberdeen, dont M. Guizot nous peint, dans ses mémoires, les hésitations, les préoccupations et les retours!)

« Que l'Angleterre n'a jamais ignoré que la présence de la France sur les côtes de l'Algérie, appuyée comme elle l'est par une force militaire imposante, DOIT AVOIR POUR EFFET, QUAND ELLE JUGERA OPPORTUN DE L'EXERCER, DE LUI DONNER LE POUVOIR DE PESER AVEC UNE FORCE DÉCISIVE SUR LE GOUVERNEMENT DE LA RÉGENCE DE TUNIS, SA VOISINE. »

(C'est le protectorat à bref délai, accepté, reconnu d'avance.)

« C'est là un résultat que nous avons depuis longtemps reconnu comme inévitable et que nous avons accepté *sans répugnance*. L'Angleterre n'a dans cette région AUCUN

Intérêt spécial qui soit de nature a la mettre en garde contre l'influence légitime et croissante de la France. »

« Enfin, que l'annexion elle-même, le renversement du gouvernement actuel de Tunis, — (événement que le gouvernement britannique ne souhaite pas, qu'il ne croit ni désirable, ni prochain « si le gouvernement n'est ébranle par aucun choc venant du dehors »), — « cet événement ne modifiera pas l'attitude de l'Angleterre. Elle continuera de reconnaître, ainsi qu'elle le fait aujourd'hui, les résultats naturels du voisinage d'un pays puissant et civilisé comme la France, et n'a en ce qui la concerne aucun intérêt contraire a lui opposer. »

On peut recommander également ces fortes paroles aux étranges patriotes qui s'évertuent, chez nous, à rabaisser les origines et la portée de l'expédition tunisienne, et à la presse anglaise, qui a fait à notre politique dans l'Afrique du Nord un accueil si maussade, si hautain et finalement si injurieux, tantôt jouant la pudeur effarouchée, tantôt l'angoisse patriotique; ceux-ci brutalement hostiles, ceux-là pédantesques et sermonneurs; les uns et les autres montrant à l'envi, non sans maladresse assurément, tout le vieux fond de mauvais vouloir, de rancunes invétérées, de routines malveillantes et jalouses que renferme encore l'âme anglaise, après soixante-cinq ans de paix profonde, d'entente cordiale et d'alliance effective !

Le cabinet présidé par M. Gladstone ne pouvait songer à désavouer des déclarations si claires et si graves; la politique anglaise se pique de fixité et d'esprit de suite dans les rapports internationaux : l'influence en Europe et dans le monde est à ce prix. Il n'est jamais entré dans l'esprit du successeur de lord Beaconsfield de chercher chicane à la France au sujet des affaires tunisiennes. Seulement le cabinet tory s'était montré amical, et le cabinet libéral, pour des raisons diverses, et principalement sans doute à cause de ses relations étroites avec l'Italie, prit le parti de rester morose. Il est certain, comme le remarque M. Peruzzi dans sa lettre à la *Revue politique* sur les affaires de

Tunisie, que les notes échangées en 1878 entre M. Waddington et lord Salisbury n'avaient point été communiquées par le cabinet Gladstone au cabinet Cairoli, mais elles avaient été expressément rappelées à lord Granville par l'ambassadeur de la République française, M. Léon Say, près d'une année avant les événements de Tunisie. La dépêche du comte Granville à lord Lyons, du 17 juin 1880 (Recueil diplomatique anglais de 1881), met en pleine lumière la parfaite loyauté de notre politique : l'opinion anglaise a pu être surprise, le gouvernement anglais ne l'a pas été ; il a connu longtemps à l'avance, et les vues de la France sur la régence, et les circonstances qui pouvaient placer le gouvernement français dans la nécessité de faire valoir avec plus d'énergie sa légitime prépondérance.

Le comte Granville à lord Lyons, 17 juin 1880.
(Blue Book de 1881.)

Milord, le 9 de ce mois, l'ambassadeur de France m'a entretenu de la question tunisienne. Son Excellence m'a dit que les intérêts de la France en Afrique ne lui permettaient pas de rester indifférente à rien de ce que pourrait affecter la condition de la régence. Suivant elle, LE GOUVERNEMENT DE CE PAYS EST FAIBLE, ET IL SERAIT INCONSIDÉRÉ DE NE PAS PRÉVOIR LA POSSIBILITÉ DE SA DISPARITION. Le gouvernement français est bien loin de vouloir précipiter un pareil événement, et il ne songe pas à en profiter pour obtenir une extension de territoire. Au contraire, il désire prévenir cette éventualité, mais en même temps il juge nécessaire d'exercer lui-même une certaine influence sur le gouvernement tunisien, et verrait de mauvais œil les tentatives qui seraient faites par d'autres puissances pour établir dans ce pays leur prépondérance.

Et, pour que le cabinet anglais ne pût se méprendre ni sur le caractère ni sur la portée pratique de cette communication, M. Léon Say expliquait aussitôt quelle était cette « autre puissance » soupçonnée de vouloir établir en Tunisie sa prépondérance en face de la nôtre :

M. Léon Say a ensuite donné des explications sur une question qui avait surgi récemment entre les gouvernements de France et d'Italie. Le gouvernement français, a-t-il dit, avait établi une ligne de télégraphes en Tunisie, le gouvernement tunisien étant hors d'état de trouver les fonds nécessaires pour cette création, et par une convention formelle, le gouvernement français avait pris l'affaire à sa charge. Cette convention avait en conséquence donné à la France un monopole télégraphique en Tunisie. Tout récemment les Italiens ont proposé de pousser jusqu'à Tunis une ligne italienne. Les Français ont soutenu leur droit de monopole et ont offert de permettre que les fils italiens fussent reliés aux bureaux français, mais en même temps ils s'opposaient à l'établissement de bureaux italiens dans le pays. Il est résulté de cette discussion une certaine irritation fâcheuse.

Enfin, mettant, comme on dit, les points sur les *i*, l'ambassadeur de France posait nettement au cabinet Gladstone la question de l'hérédité ministérielle dans les termes que voici, rapportés par lord Granville :

Son Excellence a ajouté qu'à Berlin, lord Beaconsfield et lord Salisbury avaient tenu un langage fort amical au sujet de la Tunisie. Ils avaient repoussé l'idée que l'Angleterre pût, en aucune façon, être jalouse de l'influence croissante et des effets civilisateurs de l'administration française en Afrique; et ils semblaient plus disposés à encourager qu'à entraver l'accroissement très sensible de l'influence française sur la Tunisie, même si cette influence devait être portée plus loin que la France elle-même ne le prévoyait ou ne le désirait.

Le gouvernement français ne voulait pas exercer à ce sujet une pression sur le gouvernement de Sa Majesté Britannique, mais savoir le plus tôt possible si le gouvernement actuel partageait les vues du précédent cabinet.

Si le cabinet anglais eût voulu se délier, c'en était le moment. Mis en demeure de s'expliquer sur les vues du précédent cabinet, le ministère Gladstone avait le droit de les désavouer. Mais, si peu réservée et si peu cordiale que fût la réponse du comte Granville, elle n'était point cependant un désaveu : on atténue, on explique, on ne renie pas. Les réserves portent sur deux points : l'intégrité de l'empire ottoman, pour laquelle le cabinet se sent pris d'un respect un peu tardif, et l'attitude éventuelle de l'Italie :

J'ai revu M. Léon Say le 12 de ce mois et j'ai repris avec lui le sujet de notre conversation. J'ai dit à Son Excellence que, dans la correspondance conservée au Foreign-Office et relative aux communications échangées entre lord Salisbury, lord Beaconsfield et M. Waddington, à Berlin, à propos de la Tunisie, j'avais constaté qu'il existait une certaine divergence entre ce qui avait été primitivement mentionné en conversation particulière et ce qui avait été ensuite rapporté officiellement à Votre Excellence comme l'opinion du précédent gouvernement. J'ajoutai que j'avais également constaté que, dans sa dépêche, lord Salisbury avait expressément réservé toute opinion sur l'attitude que l'Italie pourrait prendre en ce qui concerne la Tunisie.

J'ai dit que dans l'opinion du gouvernement de la reine, la Tunisie faisait partie intégrante de l'empire ottoman, et que la Grande-Bretagne n'avait aucun droit, ni moral ni international, d'en disposer ; QUE TOUTEFOIS NOTRE GOUVERNEMENT VOYAIT SANS JALOUSIE L'INFLUENCE QUE LA FRANCE, PAR SA PUISSANCE SUPÉRIEURE ET SA HAUTE CIVILISATION, EXERCE ET EXERCERA VRAISEMBLABLEMENT SUR LA TUNISIE.

Le gouvernement de la reine se trouve, ai-je dit, dans la même situation que ses prédécesseurs en ce qui concerne l'attitude que l'Italie pourra prendre dans les affaires tunisiennes.

En d'autres termes : on refuse de prendre parti dans le conflit qui commence à poindre entre la France et l'Italie ; la préoccupation dominante du rédacteur de cette dépêche est de ne rien dire ni laisser paraître qui puisse blesser l'une ou l'autre de ces puissances :

On se déclare, d'autre part, incompétent pour disposer d'un territoire que l'on considère comme partie intégrante de l'empire ottoman, — comme si le gouvernement français avait mis le gouvernement anglais en demeure de lui céder la Tunisie !

Enfin, quant à l'influence dominante que la supériorité de puissance et de civilisation réservait à la France dans le présent et dans l'avenir, le cabinet Gladstone se déclare, comme le cabinet Beaconsfield, « sans jalousie », c'est-à-dire sans intérêt.

En résumé, si le cabinet Gladstone est moins expansif que le cabinet Beaconsfield, s'il est moins explicite dans l'expression de ses vues, sa conduite repose sur le même principe de détachement politique et de sage indifférence. C'est ainsi qu'après l'occupation de Bizerte, saisi tout à la fois par le bey et par la Porte d'un appel à la médiation des grandes puissances, il prescrit à son ambassadeur à Paris d'en donner avis au gouvernement français « dans les termes les plus amicaux » et en quelque sorte *pro forma*, bien décidé qu'il est « à ne faire aucune proposition formelle de médiation ou de bons offices, à moins d'y être invité par le gouvernement français aussi bien que par le bey. » (Lord Granville à lord Lyons, 7 mai 1881. Supplément au *Livre jaune*, n° 257.)

Et après le traité du Bardo, c'est avec la même sagesse que, tout en constatant le déchaînement de l'opinion anglaise, il a grand soin de ne pas s'y associer, et qu'il se contente de prendre acte des clauses de ce traité, qui rendent la France garante des conventions passées, à diverses époques, entre la régence et l'Angleterre. Pourvu que les privilèges commerciaux des sujets anglais soient respectés et que la République française répudie l'idée (qu'assurément elle n'avait jamais conçue) de créer à Bizerte un grand port militaire, rival de Malte; pourvu que la constitution de la commission financière internationale ne soit pas modifiée sans qu'on ait pris l'avis des créanciers anglais, le gouvernement britannique acceptera sans répugnance les faits accomplis. Telle est la substance de la note du 20 mai 1881, remise à notre ambassadeur à Londres, note amicale autant que sage, qui règle définitivement les situations respectives, et dont il est bon, à ce titre, de relater ici les parties essentielles :

Le gouvernement de Sa Majesté accepte avec empressement l'assurance réitérée par M. Barthélemy Saint-Hilaire, dans sa note du 16, que toutes les conventions existantes entre Tunis et les puissances étrangères seront maintenues et respectées, et cela d'autant plus volontiers que, par l'article 11 du traité avec le bey, la République française en garantit l'exécution. Les privilèges commerciaux et autres ne seront par conséquent pas lésés en tant qu'ils sont garantis par les traités, à moins que des conventions nouvelles ne soient volontairement substituées aux arrangements existants.

Le gouvernement de Sa Majesté prend note de ces assurances, qu'il regarde comme un engagement international qui lie le gouvernement français pour l'avenir.

Afin qu'il n'y ait pas plus tard de malentendus, le gouvernement de Sa Majesté entend déclarer d'une manière explicite que la convention générale du 19 juillet 1875, entre les gouvernements de la Grande-Bretagne et de Tunis, est et restera en vigueur.

Ce traité garantit aux sujets britanniques, aux navires, au commerce et à la navigation tous les privilèges, toutes les faveurs et les immunités qui sont ou pourront être accordés aux sujets, aux navires, au commerce et à la navigation de n'importe quelle autre nation. Il accorde à l'Angleterre tous les avantages concédés par le bey dans d'autres traités, y compris le traité conclu entre la France et Tunis le 8 août 1830 et dans lequel l'article 7 dit que « les capitulations conclues entre la France et la Porte, de même que les anciens traités et conventions passés entre la France et la régence de Tunis, et nommément le traité du 15 novembre 1824, seront confirmés et continueront à être observés, dans toutes celles de leurs obligations auxquelles le présent acte ne dérogerait pas.

J'ai à appeler l'attention spéciale de Votre Excellence sur l'article du traité de 1875, renfermant la stipulation du traitement de la nation la plus favorisée, de même que sur l'article 7 de ce traité par lequel le bey s'est engagé à ne point prohiber l'importation dans la régence d'articles manufacturés dans les possessions anglaises, et stipulant que les droits à prélever sur des articles de ce genre n'excéderaient pas 8 p. 100 *ad valorem*, ou un droit spécifique équivalent fixé d'un commun accord. Je dois également appeler votre attention sur l'article 18, qui accorde le traitement de la nation la plus favorisée, en ce qui concerne les droits de ports, de pilotage, de phares, de quarantaines ; toutefois, on ne doit pas entendre que, s'il est fait mention spéciale de ces articles, les articles qui restent doivent être considérés comme ayant perdu de leur valeur en raison de l'article 7 du traité du 12 du courant : « Le gouvernement de la République française et le gouvernement de Son Altesse le bey de Tunis se réservent de fixer d'un commun accord les bases d'une organisation financière de la régence, qui soit de nature à assurer le service de la dette publique et à garantir les droits des créanciers de la Tunisie.

Si l'arrangement qu'on a l'intention de conclure avec le bey devait modifier la constitution de la commission financière instituée par le décret du bey, en date du 5 juillet 1869, après consentement préalable des gouvernements de la Grande-Bretagne, de la France et de l'Italie, et en partie composée des représentants des créanciers anglais, le gouvernement de Sa Majesté est d'avis que l'on devrait fournir à ces créanciers une occasion d'exprimer leur opinion à ce sujet.

Le gouvernement de Sa Majesté constate que M. Barthélemy Saint-Hilaire répudie toute idée d'annexion par la France du port de Bizerte ou d'un port quelconque de la Tunisie, et que, bien qu'il fasse pressentir la possibilité d'un encouragement à donner à l'entreprise privée, dans le but d'améliorer ledit port, il déclare qu'il n'entre nullement dans les intentions du gouvernement français de dépenser, en ce moment, des sommes énormes, et de commencer les immenses travaux pour créer sur ce point un port militaire.

Je ne crois pas nécessaire d'approfondir la question de l'importance possible de Bizerte comme port de commerce. Je me bornerai à cette observation que, si le canal entre la mer et le lac était creusé assez pour donner accès aux grands navires, les bâtiments britanniques auront, d'après le traité de 1875, le droit d'en faire usage, sans être soumis à des droits supérieurs à ceux des navires français ou tunisiens.

Le gouvernement de Sa Majesté a pleine confiance que M. Barthélemy Saint-Hilaire appréciera les intentions amicales qu'a eues ce gouvernement en faisant connaître aussi explicitement son opinion sur les droits des sujets britanniques sous les traités existants, et qu'il les acceptera comme une preuve de son vif désir de prévenir toute cause d'un malentendu futur et de maintenir la bonne intelligence qui a heureusement si longtemps subsisté entre les deux pays.

GRANVILLE.

Extrait du Recueil diplomatique anglais sur Tunis. 1881.

M. Waddington, ministre des affaires étrangères, au marquis d'Harcourt, ambassadeur de France à Londres.

Paris, le 26 juillet 1878.

Je vous ai fait connaître, il y a quelques jours, le texte de la communication que j'ai reçue du marquis de Salisbury à Berlin, concernant la convention d'alliance défensive signée à Constantinople le 4 juin entre l'Angleterre et la Porte ottomane. Je vous ai rendu compte en même temps des explications dans lesquelles, à cette occasion, le principal secrétaire d'État de la reine avait bien voulu entrer avec moi au sujet du maintien des intérêts français en Syrie et en Égypte.

Il est un autre point sur lequel nous avons été amenés à échanger aussi nos vues, et dont je désire vous entretenir spécialement aujourd'hui. Au cours de l'examen que nous faisions ensemble des conséquences qui devaient découler du nouvel état des choses en Orient pour les puissances riveraines de la Méditerranée, et en particulier pour la France et l'Angleterre, notre attention s'est portée sur la régence de

Tunis. Lord Salisbury n'ignorait pas la sollicitude que devait causer au gouvernement français le sort de ce petit pays, dont la situation intérieure est si précaire, et sur lequel son voisinage immédiat avec l'Algérie nous oblige à tenir constamment l'œil ouvert. Allant de lui-même au-devant des préoccupations qu'il pouvait nous supposer, il s'est appliqué à me faire entendre, dans le langage le plus amical et le plus explicite à la fois, que l'Angleterre était décidée à ne nous susciter aucun obstacle de ce côté; que, dans sa pensée, il ne devait tenir qu'à nous seuls de régler au gré de nos convenances la nature et l'étendue de nos rapports avec le bey, et que le gouvernement de la reine acceptait d'avance toutes les conséquences que pouvait impliquer, pour la destination ultérieure du territoire tunisien, le développement naturel de notre politique.

« Faites à Tunis ce que vous jugerez convenable, m'a dit Sa Seigneurie, l'Angleterre ne s'y opposera pas et respectera vos décisions. » Revenant, dans une autre occasion, sur ce sujet, lord Salisbury n'hésitait pas à me confier qu'il regardait comme moralement impossible que le régime actuel pût durer à Tunis, et qu'aux yeux du cabinet anglais, il appartenait à la France de présider à la régénération de ce pays, consacré par de grands souvenirs.

Je ne pouvais que reconnaître le sentiment amical pour notre nation, qui inspirait ces paroles. J'ai remercié lord Salisbury de la largeur de vues qu'il apportait dans son appréciation spontanée de notre rôle à l'égard d'un pays placé par la force des circonstances dans l'orbite de notre action.

« Il est possible, lui ai-je dit, que l'avenir nous impose à l'égard de la Tunisie une responsabilité plus directe que celle qui nous incombe aujourd'hui. Le cours naturel des choses, je l'admets avec vous, destine sans doute cette contrée à compléter un jour l'ensemble des possessions de la France en Afrique; aussi bien dès aujourd'hui ne permettrons-nous à aucune puissance étrangère de s'y établir, et repousserions-nous par les armes toute tentative de ce genre. Je considère donc comme un gage précieux de la bonne entente qui doit régner entre nos deux peuples les déclarations que vous m'avez fait entendre, et je serai heureux de les transmettre à mon gouvernement. Bien que j'ignore quelles peuvent être ses intentions à ce sujet, je ne crois pas qu'il acceptât, dans les circonstances actuelles, une annexion pure et simple telle que vous êtes disposé à l'envisager dès à présent. Un acte semblable ne serait pas en harmonie avec notre politique générale ; il ne serait pas suffisamment motivé aujourd'hui par les difficultés et les ennuis, très réels d'ailleurs, que nous éprouvons souvent avec nos voisins de Tunis. Ce qui rentrerait, à la vérité, dans les données de la situation comme nous la comprenons, c'est que notre protectorat dans ce pays fût reconnu d'une manière formelle ; avant tout, ce qui nous importe, c'est que nous ayons une entière liberté d'y étendre notre influence et d'y développer nos intérêts de la façon qui nous conviendra le mieux, sans nous heurter à des prétentions rivales. »

Tel est, monsieur le marquis, le résumé des réponses que j'ai faites, dans plusieurs entretiens, aux ouvertures de lord Salisbury. Je vous prie de lui témoigner, à votre tour, l'impression favorable qu'en a éprouvée le gouvernement français. Les paroles du principal secrétaire d'État m'avaient été confirmées, à Berlin, par la bouche du comte de Beaconsfield, et nous ne pouvons douter, par conséquent, du parfait accord de vues qui existe dans cette question entre les divers membres du gouvernement de la reine. En faisant connaître au ministre des affaires étrangères la satisfaction avec laquelle nous prenons acte de ses déclarations, vous voudrez bien lui remettre, à titre d'ailleurs tout à fait confidentiel, une copie de la présente dépêche, destinée à en préciser les termes.

WADDINGTON.

9.

Le marquis de Salisbury à Lord Lyons. (Traduction.)

Foreign-Office, le 7 août 1878.

Milord, j'ai l'honneur de transmettre ci-joint à Votre Excellence la copie d'une dépêche du ministre des affaires étrangères de France, qui m'a été remise samedi par l'ambassadeur de ce pays. (C'est la précédente.) La question à laquelle cette dépêche se rapporte a été plus d'une fois le sujet des conversations très satisfaisantes que j'ai eues avec M. Waddington à Berlin. C'étaient des conversations particulières, et elles n'avaient aucun caractère spécial qui les distinguât de celles qui avaient lieu journellement entre les autres plénipotentiaires. Par conséquent, je n'ai pas alors jugé nécessaire d'en rédiger la substance ou d'en transmettre un sommaire à Votre Excellence, ainsi que cela se fait habituellement lorsque des conversations importantes sont échangées au Foreign-Office.

Il m'est donc impossible d'affirmer que M. Waddington ait reproduit textuellement les paroles dont lui ou moi nous nous sommes servis. J'incline à penser que, bien qu'il ait employé la forme de citations, il a voulu seulement faire connaître le sens général de nos communications, et en particulier les sentiments d'amitié pour la France dont mon langage était empreint. Dans ces limites et sans pouvoir garantir l'exactitude des propres paroles qui me sont attribuées, je reconnais très volontiers la fidélité de l'ensemble de ses souvenirs.

Quoi qu'il en soit, au lieu de reprendre, pour les critiquer, les termes de cette communication, il sera plus simple d'énoncer en quelques mots les vues du gouvernement de Sa Majesté Britannique dans la question. C'est avec satisfaction que le gouvernement de la reine a vu réussir l'expérience que la France poursuit en Algérie, et la grande œuvre de civilisation qu'elle accomplit dans ce pays. Il n'a jamais ignoré que la présence de la France sur les côtes de l'Algérie, appuyée comme elle l'est par une force militaire imposante, doit avoir pour effet, quand elle

jugera opportun de l'exercer, de lui donner le pouvoir de
peser, avec une force décisive, sur le gouvernement de la
régence de Tunis, sa voisine. C'est là un résultat que nous
avons depuis longtemps reconnu comme inévitable et que
nous avons accepté sans répugnance. L'Angleterre n'a,
dans cette région, aucun intérêt spécial qui soit de nature
à la mettre en garde ou en défiance contre l'influence légitime et croissante de la France.

Il est inutile de se livrer à des prévisions sur les destinées futures de cette province. Je crois que M. Waddington a mal saisi ma pensée en comprenant que j'avais
prédit la chute prochaine du gouvernement actuel de Tunis.
Mes informations m'amèneraient plutôt à conclure que, si
ce gouvernement n'est ébranlé par aucun choc venant du
dehors, il pourra encore durer un temps considérable. En
conséquence, je me bornerai à dire, à l'égard d'un événement qui est peut-être encore lointain, que cet événement
ne modifiera pas l'attitude de l'Angleterre. Elle continuera
de reconnaître, ainsi qu'elle le fait aujourd'hui, les résultats
naturels du voisinage d'un pays puissant et civilisé comme
la France et n'a, en ce qui la concerne, aucun intérêt contraire à lui opposer.

Il y a cependant une considération sur laquelle j'avais
appelé l'attention de M. Waddington dans une conversation, et à laquelle je ne dois pas omettre complètement
de me référer dans l'occasion actuelle. La France n'est pas
le seul pays qui se trouve dans le voisinage immédiat de la
Tunisie. Je ne suis pas en situation de connaître les opi-
nions exactes du gouvernement italien sur cette question,
mais j'ai tout lieu de croire que l'attention du gouvernement italien a été appelée sur elle. Il ne faut pas supposer que le gouvernement de la reine se soit formé une
opinion sur la position que l'Italie pourra prendre, relativement à la région qui est actuellement en question ; car,
aucune communication n'ayant été échangée entre les deux
gouvernements à ce sujet, celui de Sa Majesté Britannique
n'aurait pu se faire une opinion qu'en complète ignorance
de cause.   SALISBURY.

NOTE IV

État de la frontière algérienne de 1870 à 1880.

(Extrait du *Livre jaune* de 1880-1881.)

IMPUISSANCE DU GOUVERNEMENT BEYLICAL.
L'ÉTAT ANARCHIQUE DE LA RÉGENCE MÈNE FATALEMENT
A UNE CATASTROPHE.

*Le vicomte de Botmiliau, chargé d'affaires de France à
Tunis, au comte Daru, ministre des affaires étrangères.*

Tunis, 16 mars 1870.

J'ai reçu la dépêche que Votre Excellence m'a fait l'honneur
de m'adresser le 2 de ce mois, au sujet de la razzia opérée sur
notre propre territoire par les tribus tunisiennes des Freichichs
et des Zeghalmas, au détriment de deux douars des Merazgas.
Cette razzia m'était déjà connue et j'en ai fait le sujet d'une note
au gouvernement du bey, par laquelle j'ai demandé, en même
temps que le payement d'une somme de 37,200 francs, chiffre des
pertes éprouvées par les Merazgas, que les mesures nécessaires
soient prises pour empêcher le retour de pareils actes de brigan-
dage. Le gouvernement tunisien ne m'a pas encore répondu. Il
veut, de son côté, prendre des informations, droit que nous ne
saurions lui contester. Elles différeront probablement de celles
que M. le maréchal, gouverneur général de l'Algérie, m'a trans-
mises. Une enquête sera peut-être demandée ; tout au moins
tous les moyens de traîner les choses en longueur, de gagner du
temps, seront employés. *La vérité est, ainsi que je l'ai écrit au
maréchal, que le bey n'a plus qu'un pouvoir nominal sur un
grand nombre de tribus de la régence.* Quand de pareils faits

sont commis, je puis bien obtenir un décret qui rende responsables des dommages éprouvés les tribus coupables, des ordres pour leurs caïds de les obliger à payer le montant des indemnités réclamées ; mais les moyens font complètement défaut pour faire exécuter ces ordres. Le bey et le khaznadar le savent et ne semblent nullement s'en préoccuper. Il y a longtemps que j'ai écrit au département que nous marchions à une catastrophe, que ce n'était pas la banqueroute seulement qui menaçait la régence, mais l'anarchie. Elle est à peu près partout. Une dernière tentative se fait en ce moment pour sauver ce pays par la commission financière. *Si elle échoue, nous pourrons être forcément appelés à occuper la Tunisie et ce sera pour nous une extrémité fâcheuse.*

INSURRECTION ALGÉRIENNE DE 1871. — CONTREBANDE DE GUERRE. — DIFFICULTÉS DE LA RÉPRESSION.

Le vicomte de Botmiliau, chargé d'affaires de France à Tunis, à M. Jules Favre, ministre des affaires étrangères.

Tunis, 11 mai 1871.

J'ai eu plusieurs fois occasion de signaler au département l'importance que tend à prendre la contrebande de la poudre dans la régence, dès que la tranquillité intérieure de l'Algérie est menacée. Elle a, comme nous devions nous y attendre, redoublé d'activité dans ces derniers temps. J'en ai informé M. le vice-amiral de Gueydon, ainsi que les autorités militaires sur notre frontière, pour y faire exercer une surveillance active ; j'ai également demandé au gouvernement tunisien, afin d'arrêter un pareil commerce, un concours qu'il n'a pas hésité à me promettre, mais que, je le crains, il n'a pas en main le pouvoir de rendre suffisamment efficace.

La poudre est importée de Malte, sous pavillon étranger, débarquée de nuit et transportée immédiatement chez des receleurs étrangers, chez lesquels il devient d'autant plus difficile à l'autorité tunisienne de la saisir, que, indépendamment de l'immunité dont jouit leur domicile, le traité conclu, en 1863, entre l'Angleterre et la régence, ne prohibe pas, comme le traité italien, l'entrée de la poudre, et que M. Wood ne peut pas dès lors la considérer comme véritable contrebande. J'ai cependant trouvé, en général, du bon vouloir chez mon collègue d'Angleterre à ce sujet, surtout lorsque j'ai appelé son attention sur le danger sérieux qui pouvait résulter pour une ville entière du dépôt souvent de plusieurs quintaux de poudre dans l'intérieur de maisons où l'on ne prenait pas même, les plus simples précautions pour éviter une explosion. Dernièrement, au contraire, ayant demandé à M. Pinna (le consul d'Italie) de faire saisir, comme contrebande, de la poudre qui se trouvait au Kef, en quantité considérable, chez un israélite italien nommé Henriquez, M. Pinna m'a répondu qu'il ne s'y croyait pas autorisé; que tout ce qu'il pouvait faire était de proposer au gouvernement l'achat de cette poudre, et de donner l'ordre à son administré de la transporter, en attendant, dans un lieu où une explosion, si elle survenait, ne compromettrait pas la sûreté des habitants du Kef.

Je suis informé que les israélites surtout se livrent à ce commerce et s'entendent avec les chameliers arabes pour faire voyager clandestinement la poudre à travers la régence; quand elle doit être déposée quelque part, ils évitent avec soin les maisons de ceux d'entre eux qui relèvent de ma juridiction. J'ai appelé chez moi le président de l'Alliance israélite à Tunis et, à ma demande, il va faire afficher dans les synagogues une pressante invitation à ses coreligionnaires d'avoir à s'abstenir de ce commerce; mais cette invitation sera-t-elle entendue, et les juifs, même sous protection française, s'y conformeront-ils à l'avenir? Je suis bien obligé de dire que je n'ose pas l'espérer.

LA RÉGENCE EST LE REFUGE ET LA PLACE D'ARMES DES INSURRECTIONS ALGÉRIENNES.

Le vicomte de Botmiliau à M. de Rémusat.

Tunis, octobre 1871.

Le chef de l'insurrection de Soukharas, forcé d'évacuer le territoire algérien, où il a pillé et incendié nos villages, s'est remis entre les mains du gouverneur du Kef, Si Réchid, qui l'a fait partir pour Tunis. Il y est arrivé le 29 septembre, et le lendemain il a été reçu par le bey au Bardo. Un certain nombre de spahis (on dit de 50 à 60), bien armés et bien montés, l'accompagnaient. Le bey lui aurait promis qu'il serait en sûreté en Tunisie et qu'il l'attacherait à son service.

Kablouti m'est représenté comme un homme dangereux, capable de prendre un grand ascendant sur les populations arabes. Il importe de le mettre hors d'état de nous nuire de nouveau. Le bey m'avait déjà promis de l'interner à Tunis, avec défense d'en jamais sortir. Cette défense serait évidemment illusoire. *Que des troubles éclatent encore en Algérie, rien n'empêchera Kablouti d'y rentrer, et la police du bey elle-même serait probablement la première à lui en faciliter les moyens.*

J'ai vu le bey ce matin et je me suis plaint vivement à lui de l'accueil qu'il a cru devoir faire à Kablouti. « Cet homme, ai-je dit à Son Altesse, est un rebelle qui, après avoir prêté serment de fidélité à la France, a pris les armes contre elle, quand elle a été malheureuse, alors que son devoir, au contraire, était de combattre pour elle, comme l'ont fait tant d'autres Algériens. Pour nous, il n'est pas un ennemi, c'est un criminel, justiciable de nos tribunaux. Je ne vous demande pas cependant de me le livrer, car je suis sans instructions, mais je demande que les armes et les chevaux de sa bande me soient remis. Ils nous appartiennent. Je demande en même temps que ses hommes ne puissent pas sortir de Tunis. Votre Altesse n'oubliera pas d'ailleurs que c'est à la tête de tribus tunisiennes, soulevées par lui, que Kablouti a franchi notre frontière. Quand notre territoire a été violé, il l'a été par les Arabes tunisiens. Nous serions en droit d'en demander compte au gouvernement dont ils relèvent. »

Le bey a cherché à se disculper de l'accueil fait par lui à Kablouti, en prétendant ne l'avoir reçu que pour lui adresser des conseils de prudence. Il ignorait, a-t-il ajouté, qu'il aurait dû être désarmé; il se rend toutefois à ma demande et il va donner l'ordre de me faire remettre les armes et les chevaux de Kablouti et de ses spahis. Ce n'est cependant qu'avec une hésitation visible qu'il m'a fait cette promesse et m'a autorisé à en informer le gouverneur général de l'Algérie. Je ne sais jusqu'à quel point elle sera bien religieusement observée.

L'histoire de Kablouti est celle de tous les chefs insurgés auxquels la Tunisie a servi de refuge. Comme l'agha de Tuggurt, Ali-ben-Nasseur, il fut accueilli à bras ouverts, puis, sur les vives instances de M. de Botmiliau, expulsé par le gouvernement beylical (octobre 1871) qui le fit partir pour la Mecque. Mais cet exil dura peu. Kablouti rentre bientôt en Tunisie (juillet 1872), et cette fois il est embarqué pour Alexandrie. En 1874, Khérédine l'autorise à quitter l'Égypte, à la condition d'être interné dans la presqu'île de Soliman, ce qui ne l'empêche pas, selon M. de Billing (dépêche du 22 septembre 1874), de continuer ses menées hostiles avec le concours des chefs des ordres religieux qui se rendent de la Mecque en Algérie, et ne manquent pas de le visiter au passage. Il est d'ailleurs si mal surveillé qu'on le trouve quelques mois plus tard dans le voisinage de notre frontière algérienne. Sur la plainte portée par le général Chanzy, M. Roustan obtient du général Khérédine l'expulsion de Kablouti et d'Ali-ben-Nasseur; on les embarque pour Malte (juin 1875), mais Kablouti reparaît, en 1878, dans le voisinage de la frontière sud de la Tunisie : il va dans la Cyrénaïque, au Djebel-Akhdar, un nid de fanatiques et de mécontents. De là il rentre clandestinement en Tunisie, gagne les environs de Teboursouk (1880), d'où il s'enfuit chez les Zlass, qui l'accueillent et le prennent sous leur protection. C'est là qu'au mois de septembre 1880, Kablouti est découvert dans une caverne où il se tenait caché depuis vingt-deux mois, arrêté et conduit à Tunis. Cette fois, le bey consent à ce que l'ancien caïd soit mis aux fers et détenu à perpétuité dans le fort de la Goulette, sous la surveillance du consulat général de France.

Kablouti, comblé de faveurs par le gouvernement français, n'avait pas seulement été avec l'aga de Tuggurt un des principaux chefs de l'insurrection de 1871, il y avait marqué par d'épouvantables atrocités : il avait fait brûler vifs des femmes et des enfants sur des chaises goudronnées.

Si telle était la faiblesse du gouvernement beylical envers les chefs de l'insurrection, quelle ne devait pas être son indulgence pour le gros des insurgés, réfugiés sur son territoire ? En voici quelques exemples :

Le vicomte de Botmiliau, chargé d'affaires de France à Tunis, au comte de Rémusat, ministre des affaires étrangères.

10 décembre 1871.

Vous m'invitez à faire connaître au gouvernement du bey qu'un grand nombre d'insurgés de la province de Constantine, refoulés vers le Sud, cherchent à atteindre la frontière, afin qu'il se mette en mesure de les désarmer à leur entrée sur son territoire. M. le général de Lacroix m'avait déjà télégraphié qu'une fraction des Oulad-Khelifas avait pénétré en Tunisie. J'en avais aussitôt informé le khaznadar, qui m'avait promis de les obliger à rentrer en Algérie. Le khaznadar, après avoir prétendu d'abord n'avoir aucune connaissance du fait que je lui dénonçais, a dû, peu de jours après, m'avouer que les Oulad-Khelifas étaient déjà au Sers, près des Drids. Ces indigènes n'ont pas été désarmés comme ils auraient dû l'être. Je ne saurais dire s'il faut y voir une preuve uniquement du peu de bon vouloir du gouvernement tunisien à notre égard, ou en même temps une preuve de son impuissance. Il est certain cependant que l'autorité du bey sur diverses tribus de la régence est à peine nominale, et si l'une de celles-ci a accueilli les Oulad-Khelifas en frères, il aurait pu être difficile de les désarmer.

Je n'en ai pas moins voulu voir le bey, et je lui ai témoigné mon regret de l'accueil fait dans son pays à ceux qui se sont soulevés, qui se sont battus contre nous. « Ce n'est pas là, lui ai-je dit, un procédé de bon voisinage, et dans ce moment surtout, quand nous avons déjà tant de motifs de plainte, il aurait dû être évité. »

Le bey ne m'a répondu que par de vains mots et la promesse d'envoyer auprès des Oulad-Khelifas une personne chargée de les inviter à rentrer en Algérie. Il m'a répété ce que son ministre avait déjà dit à M. Fleurat, que, jusqu'à présent, il n'avait jamais été mis aucun obstacle aux migrations des tribus d'un pays à l'autre. Je lui ai fait observer qu'il y avait une différence radicale entre laisser, en temps de paix, des tribus algériennes passer la frontière, s'établir sur le territoire tunisien, et recevoir, sur ce même territoire, après une révolte sanglante, les hommes qui se sont battus contre nous et qu'on n'a pas même, cette fois encore, désarmés.

Le vice-amiral de Gueydon, gouverneur général de l'Algérie, au général de Lacroix, commandant la division de Constantine, en colonne à Tuggurt.

2 janvier 1872.

Depuis longtemps l'attitude du gouvernement tunisien vis-à-vis de la France me préoccupe. Comprenant cependant qu'après nos malheurs il eût été peu opportun de nous montrer sévères envers un gouvernement si faible, je vous ai instamment recommandé d'éviter, autant que possible, tout ce qui serait de nature à nous entraîner à faire une démonstration armée.

J'affirme, encore aujourd'hui, cette ligne de conduite; mais le mal empire, et, tout en continuant à éviter des conflits, il me paraît salutaire de faire sentir au bey l'intérêt qu'il peut trouver à entretenir avec nous de cordiales relations. Dans cet ordre d'idées, j'ai, comme premier moyen, prié votre chargé d'affaires à Constantine de mettre à la disposition du directeur des douanes un personnel de cavaliers et de fantassins suffisant pour établir sur notre frontière de l'Est un cordon serré de surveillance faisant obstacle à toute contrebande de quelque nature qu'elle soit.

Le vicomte de Botmiliau, chargé d'affaires de France à Tunis, au comte de Rémusat, ministre des affaires étrangères.

Tunis, 5 janvier 1872.

Nous avons depuis longtemps des réclamations pendantes auprès du gouvernement tunisien au sujet de pillages commis par les tribus de la régence, soit sur nos caravanes, soit sur nos propres tribus algériennes, dont le territoire a été envahi. Après avoir vainement demandé, à la suite de ces actes d'agression, la réparation à laquelle nous avions droit, j'ai adressé au bey, le 20 novembre dernier, la note dont ci-joint copie sous le nº 1. Le bey vient d'y répondre et j'ai l'honneur de vous transmettre ci-joint également, sous le nº 2, la traduction de sa note. Cette réponse n'est évidemment *qu'une fin de non-recevoir à peine déguisée.* Déjà, il y a plusieurs années, le gouvernement tunisien avait voulu établir ce système de compensation auquel il revient aujourd'hui. Des commissaires furent envoyés de part et d'autre, mais il fut impossible de rien conclure. C'était ce que voulait le bey et c'est ce qu'il veut encore. Voici, en effet, ce que m'écrivait, à cette occasion, M. le gouverneur général de l'Algérie, le 1ᵉʳ janvier 1868 : « ... Déjà, dans le courant de 1866, à propos d'une agression commise sur les Hamaïlias de Tébessa par des goums tunisiens, nous avons essayé de procéder par voie d'enquête contradictoire, faite par des délégués des deux pays, et les prétentions du colonel Hassouna, délégué tunisien, ont amené la rupture de la conférence, sans qu'aucun règlement ait été conclu. Il n'est pas douteux que si l'examen de la razzia de Bir-el-Atar était soumis à des délégués, les mêmes exigences, les mêmes subterfuges employés par les agents de la régence empêcheraient une solution... »

Cette opinion de M. le maréchal de Mac-Mahon est absolument la mienne. Ou il faut renoncer à obtenir aucune réparation, *ou il faut, comme je l'ai souvent écrit, nous faire justice nous-mêmes.*

J'ajouterai que je n'ai pas connaissance de réclamations des tribus tunisiennes contre les nôtres.

M. de Rémusat était le ministre prudent et sage du plus sage et du plus prudent des gouvernements, il en vient cependant à reconnaître que pour la protection de notre frontière algérienne, nous ne pouvons compter que sur nous-mêmes, et il soumet au gouverneur général la proposition de M. de Botmiliau :

M. de Rémusat, ministre des affaires étrangères, à l'amiral de Gueydon, gouverneur général de l'Algérie.

26 janvier 1872.

Afin de me rendre compte des résultats probables des ordres que vous avez donnés à la frontière, j'ai jugé utile de les communiquer confidentiellement à notre consul général à Tunis. Il résulte de sa réponse qu'il en apprécie toute l'importance ; mais il incline à croire qu'elle ne frappera pas assez vivement le gouvernement tunisien pour amener les bons effets que nous attendons. Selon M. de Botmiliau, l'indolence de la petite cour du Bardo ne cédera que devant un acte d'énergie qui, en témoignant de notre force, lui ouvrira inévitablement les yeux sur la nécessité d'en tenir compte. Chargé de poursuivre le règlement de nombreuses réclamations, parmi lesquelles figurent en première ligne celles de nos tribus frontières, notre agent a pu s'assurer qu'aucun argument, aucune démarche diplomatique n'auront raison de l'inertie du gouvernement auquel il doit s'adresser, s'ils ne sont appuyés par quelque fait qui soit la démonstration matérielle de la vitalité de notre puissance. Dans cette pensée, il serait d'avis de ne point laisser échapper la plus prochaine occasion de nous faire justice nous-mêmes en confiant à nos goums le soin de châtier les tribus tunisiennes qui tenteraient d'exercer quelque déprédation sur notre territoire. L'histoire de nos relations avec les populations frontières de la régence montre que cette occasion ne saurait longtemps se faire attendre, et que nous ne tarderions pas, par conséquent, à en recueillir le bénéfice à Tunis.

Si éloigné que je sois, en principe, des mesures qui présentent ce caractère, je ne saurais dissimuler que j'incline, dans les circonstances présentes, à partager le sentiment de M. de Botmiliau. Depuis longtemps, ses instances auprès du gouvernement tunisien pour faire régler les réclamations les plus recommandables aboutissent invariablement à des fins de non-recevoir, et nous voyons se multiplier de plus en plus des refus qui, dans certains cas, équivalent à de véritables dénis de justice. Les rapports dont je vous envoie ci-joint des extraits vous feront connaître quelques-uns de nos griefs à ce sujet. Cependant, nous avons à cœur de ne point laisser dépérir entre nos mains les intérêts qui nous sont confiés, tout en évitant des complications qu'il ne nous convient pas de susciter en ce moment. En présence de cette situation, le moyen suggéré par notre agent ne pourrait-il pas, s'il est pratiqué avec les ménagements nécessaires, produire le résultat que nous souhaitons atteindre sans entraîner les inconvénients attachés à une action déclarée de notre part ? En ce qui me concerne, je serais disposé, je le répète, à me prononcer dans le sens affirmatif....

L'amiral de Gueydon fut d'avis de patienter encore. Il organisait alors, sur la frontière algérienne, un service de douaniers militaires sur lequel il fondait de grandes espérances. Il fallut au gouvernement français neuf années encore d'expérience, de déceptions, de négociations impuissantes et de réparations dérisoires pour l'arracher à ce parti pris de modération ou de résignation, qui n'est que duperie en pays arabe.

LA CONTREBANDE DES ARMES ET DE LA POUDRE.

Dépêche de M. de Vallat au duc de Broglie du 29 octobre 1873.

Tunis, octobre 1873.

Quelques Algériens qui se disent marchands se joignent toujours aux indigènes originaires de l'Oued-Souf qui partent chaque année de Tunis, vers la fin du mois d'octobre, pour aller faire la récolte des dattes dans le Sahara algérien.

Ces marchands, ou soi-disant tels, sont pour la plupart des Kabyles algériens faisant partie du corps de milice tunisienne dit des Zouaouas; bien qu'ils achètent en Algérie quelques étoffes qu'ils apportent avec eux à leur retour en Tunisie, ce ne sont en réalité que des contrebandiers qui se rendent en Algérie pour y faciliter l'introduction et la vente de la poudre et des armes.

Voici de quelle manière ils procèdent :

A leur entrée sur le territoire algérien, avec la caravane tunisienne du Djerid, ces individus, qui ont déjà connaissance de l'existence sur un point déterminé d'un dépôt de poudre cachée dans les sables, se mettent en communication avec les gens de leur tribu qui les attendaient. Ils reçoivent de ceux-ci un acompte sur la valeur de la poudre qu'ils doivent leur livrer et ils les conduisent alors au lieu où elle est cachée; après la livraison, ils reçoivent le solde du prix de vente.

Ils emploient une partie de l'argent qu'ils ont reçu en

payement de la poudre qu'ils ont livrée, à acheter des étoffes et d'autres produits de l'Algérie, avec lesquels ils rentrent dans la régence, passant ainsi pour de paisibles marchands. Il en est qui font plus d'une fois dans une année ce genre d'opération.

La traite des armes se fait de la même manière et par des indigènes de la même classe que celle de la poudre. Toutefois les armes sont introduites en Algérie par un point de notre frontière plus au nord que celui par lequel s'effectue l'importation de la poudre. Ces armes proviennent généralement de Tunis où leur vente n'est soumise à aucun contrôle et n'est assujettie au payement d'aucune taxe. En ce moment, les magasins de la ville regorgent d'armes dont la majeure partie sont d'origine belge. Les Arabes en achètent depuis quelque temps en quantités considérables et les emportent dans l'intérieur, d'où elles peuvent facilement pénétrer en Algérie.

Il en a existé, dans des carrières peu éloignées de Constantine, un dépôt où les Arabes allaient s'approvisionner lors de la dernière insurrection.

La contrebande en grand de la poudre se fait actuellement par la frontière sud-ouest de la Tunisie.

Des speronares maltaises, chargées de poudre de fabrique anglaise et provenant de Malte, abordent à l'île de Gerbi ou sur un autre point du golfe de Gabès, entre la ville de ce nom et Gerbi (ou Djerba). Là, des spéculateurs, soit maltais, soit italiens, traitent avec les capitaines de l'achat de leur cargaison. Les autorités tunisiennes, quand elles ne sont pas de connivence avec ces spéculateurs, les laissent faire avec la plus grande indifférence. Cependant, et pour sauver les apparences, le débarquement a lieu la nuit. La poudre est contenue dans de petits barils confectionnés à Malte ou en Angleterre. Ces barils sont emmagasinés à terre et vendus à des Arabes qui les expédient en Algérie : les fraudeurs s'entendent avec les tribus tunisiennes par le territoire desquelles ils transitent et dont ils achètent la protection à prix d'argent. La marche de Gabès ou de Gerbi au lieu de destination dure de trois à quatre jours, dans un pays sablonneux. Les fraudeurs pénètrent en Algérie par un pays aride, également sablonneux et favorable à la marche des chameaux, situé non loin de l'oasis de l'Oued-Souf.

Arrivés en terre algérienne, ils enfouissent leur baril dans le sable en attendant les acheteurs, et ils maraudent généralement jusqu'à ce qu'ils aient tout vendu. De là, la poudre est répandue dans la province de Constantine et même dans celles d'Alger et d'Oran.

Pour donner une idée de la quantité de poudre qui est importée de la Tunisie en Algérie par cette voie, on mentionne ici ce fait que, l'an dernier, un convoi ne s'étant pas entendu avec les Arabes et ayant été pillé par ceux-ci, le pays en fut inondé. C'est de cette même poudre anglaise, introduite comme il vient d'être dit, qu'ont fait usage les tribus de l'Oued-Souf dans leur dernier mouvement insurrectionnel.

Le vicomte de Vallat, chargé d'affaires de France à Tunis, au général Chanzy, gouverneur général de l'Algérie.

Tunis, le 19 décembre 1873.

Monsieur le Gouverneur général, je suis informé qu'un convoi d'armes a pu pénétrer, il y a deux semaines environ, dans la province de Constantine, par un point de la frontière dans le cercle de Tébessa.

J'aime à espérer que les confidences que j'ai reçues à ce sujet exagèrent le nombre de ces armes, car on ne le porte pas à moins de 10,000 batteries, pour me servir de l'expression arabe. Elles consisteraient en fusils et [en pistolets, partie de fabrication française et partie de fabrication belge.

La caravane qui en a effectué le transport est partie de Tunis pour Kérouan, faisant par conséquent fausse route, et comme si elle était à destination du sud-est de la régence et de la Tripolitaine au lieu de l'être en réalité pour l'Algérie. De Kérouan elle s'est dirigée sur Tébessa en coupant la régence en travers.

Je ne m'explique pas comment cette caravane, qui devait être assez nombreuse, a pu pénétrer sur notre territoire sans que nos autorités sur la frontière en aient eu connaissance. Mais ce qui est plus grave, c'est que, d'après ce qui m'est rapporté, les armes dont il s'agit ont été déposées à quelques kilomètres de Constantine dans des carrières situées dans une localité qu'on me désigne sous le nom du Croup ou des Croups ; elles y auraient séjourné pendant trois nuits, et c'est là que les Arabes, de connivence avec les importateurs, seraient venus les prendre pour les distribuer dans le pays.

Je ne doute pas que vous ne vous empressiez de prescrire à ce sujet une enquête sérieuse de laquelle je vous serai obligé de me faire connaître le résultat.

Les agents changent : M. de Billing remplace M. de Vallat, mais la situation ne change pas, elle s'aggrave. M. de Billing (juin 1874) signale avec beaucoup de vivacité « les menées et les progrès considérables des sociétés fanatiques..., la présence à Tunis de nombreux musulmans étrangers au pays, émissaires de la grande confrérie des Khouans de Sidi-Abderrahman, secte puissante qui a son siège à la Mecque. Ces émissaires, en rapports étroits et secrets avec tout ce que Tunis renferme d'Algériens hostiles à la France, se rendent en Algérie soit par la voie de mer, soit plutôt (afin de déjouer toute surveillance) par Kairouan, le Djerid, la ville de Nefta et les oasis de l'Oued-Souf. Les grands personnages de la cour tunisienne leur font des libéralités importantes. Ils sont porteurs de passeports tunisiens..... En même temps, une importation de poudre de guerre considérable se fait par Gabès, à destination de nos tribus insoumises. Il y a malheureusement tout lieu de croire qu'en ce moment les Arabes subissent un de ces entraînements périodiques, un de ces courants d'opinion qui ont toujours précédé leurs grands soulèvements. » (Dépêches de M. de Billing au duc Decazes, 5 juin 1874 et 18 juin 1874.)

La dépêche du même agent, du 22 septembre suivant,

est un acte d'accusation en forme contre le gouvernement tunisien :

Nos agents me signalent un nombre considérable d'émissaires secrets tunisiens qui se rendent en Algérie pour y faire une propagande des plus actives, et qui réussissent à attirer dans la régence une quantité d'Algériens, qui arrivent alors dans des conditions parfaitement illégales. Pour atteindre ce but, il n'est point de promesses qui ne leur soient faites, promesses, je dois le dire, que le gouvernement tunisien remplit consciencieusement. Aussi l'émigration algérienne en Tunisie a-t-elle pris les proportions les plus graves.

Les catégories suivantes d'Algériens réfugiés ou émigrés se trouvent actuellement sous la juridiction tunisienne :

1° Les indigènes des deux Kabylies (grande et petite), formant la grande majorité des irréguliers de l'armée du bey, désignés sous le nom générique de *Zouaouas*, et dont un grand nombre sont d'anciens militaires français;

2° Les indigènes des oasis de Ouargla, province de Constantine, des tribus sédentaires des Beni-Ouagguin, Beni-Brahim, Beni-Sicin;

3° La cavalerie irrégulière des *Hambas* du bey ou spahis, composée des indigènes des campagnes des trois provinces, surtout de celles d'Alger et de Constantine, disséminés sur plusieurs points de la Tunisie, notamment dans l'Est;

4° Les habitants des villes de l'Algérie établis soit à Tunis, soit dans d'autres localités, à Tunis surtout;

5° Les indigènes des campagnes des trois provinces de l'Algérie établis en Tunisie, quoique faisant plusieurs fois des voyages dans leur pays natal avec passeports tunisiens;

6° Les réfugiés, soi-disant politiques, mais réellement criminels, établis en Tunisie, bravant les lois qui les ont condamnés.

La conduite du général Khérédine, vis-à-vis de cette dernière catégorie d'individus, est sans doute le résultat des concessions qu'il est contraint de faire à l'esprit fanatique qui anime la majeure partie de ses concitoyens. En présence du nombre considérable de faits très graves qui me sont signalés par nos agents, il devient un devoir pour moi de donner à Votre Excellence les informations suivantes.

M. de Billing signale la présence de Kablouti, toléré sous prétexte d'internement dans la presqu'île de Soliman, d'où il communique avec la plus grande facilité avec les chefs d'associations fanatiques.

Il cite d'autres des principaux chefs de l'insurrection de 1871, les Mokranis dont voici les noms : Soliman-ben-el-

Gandouss, Abderrahman-ben-el-Gandouss (caïd), Ahmed-ben-Mohamed-ben-Abdallah (caïd, officier de la Légion d'honneur), Jelness-ben-bou-Zeïd (caïd), comme ayant reçu bon accueil du général Khérédine.

Accusé par les fanatiques de tendances européennes, le général Khérédine, pour consolider sa situation parmi les populations musulmanes, est sans doute contraint d'en agir ainsi. Mais à notre point de vue, au point de vue de la sécurité de notre colonie, de semblables actes sont déplorables, s'il en fût jamais, et en ce moment, particulièrement dangereux. Il est hors de doute que le fanatisme religieux est très surexcité et n'a nul besoin d'encouragement. Les chrétiens habitant depuis de longues années l'Afrique applaudissent aux sages mesures préventives du général Chanzy, tout en témoignant unanimement de leurs craintes d'un soulèvement en Algérie pour la prochaine année : « Trop de symptômes similaires, disent-ils, se manifestent en ce moment, pour que nous n'ayons pas tout à redouter. »

(Dépêche du 22 septembre 1874.)

Avec ce réveil du fanatisme religieux en Tunisie coïncide de la façon la plus marquée une recrudescence dans l'importation et la vente d'armes de guerre. Je constate que, par Marseille même, il nous arrive ici des cargaisons entières de pistolets de guerre, expédiées par la maison Nunez; qu'à Tunis tout un quartier de la ville est adonné au commerce le plus actif d'armes destinées aux Arabes qui y affluent depuis quelque temps. De Tunis partent de grandes caravanes, chargées d'armes pour les populations de l'intérieur, et il n'est pas douteux aujourd'hui qu'un nombre considérable ne s'en introduise en fraude dans notre colonie. Quant à la poudre, j'ai eu déjà l'occasion d'en entretenir le département à maintes reprises. Il est donc indispensable que les autorités algériennes, le long de la frontière, redoublent de vigilance en ce moment. Je me fais un devoir d'appeler l'attention la plus sérieuse de Votre Excellence sur les événements qui, au dire des personnes les plus compétentes, semblent se préparer.

(Dépêche de M. de Billing, du 29 septembre 1874.)

Le baron de Billing au duc Decazes (31 octobre 1874.)

« Le commandant supérieur du cercle de la Calle vient d'adresser au général Liébert les détails suivants sur les projets d'insurrection que formeraient contre le gouvernement tunisien les Kroumirs, tribu tunisienne, puissante et belliqueuse, établie à proximité de notre frontière :

« Les projets de résistance des Khroumirs aux ordres du bey s'accentuent de jour en jour davantage, et semblent devoir bientôt passer dans la période de l'action. J'apprends en effet que les Khroumirs viennent de se réunir dans une grande Zerda, au lieu dit Sidi-Abdallah-ben-Djennal, et qu'ils ont décidé de se mettre en insurrection. Ils auraient équipé 1000 cavaliers, 200 khiélas et peuvent compter sur 4000 fusils. Leur intention était tout d'abord d'attaquer les Beni-Mazin et les Razaians, tribus qui dernièrement ont obtenu de Khérédine la restitution du marché de firmans et des terres que les Khroumirs avaient autrefois conquises sur elles par les armes.

« Pour le moment les Khroumirs semblent bien décidés à s'opposer par la force à l'exécution des ordres donnés par le gouvernement du bey. »

M. Roustan écrivit à M. de Billing dans les derniers jours de décembre 1874. Malgré son activité, son énergie et les bonnes relations qu'il a su entretenir avec le général Khérédine, il est obligé de constater (janvier 1877) la complète impuissance du gouvernement tunisien, aussi bien sur le littoral de l'Est que sur la frontière algérienne. « Le gouvernement du bey se trouve aussi impuissant à empêcher d'une manière absolue la contrebande sur les frontières de l'Est, que les vols si fréquents commis par les Arabes sur la frontière de l'Ouest, dans nos possessions algériennes. » Mais l'impuissance n'exclut pas le mauvais vouloir, elle en est, chez les Orientaux, autant le masque que l'excuse. On le vit bien, pendant l'insurrection de l'Aurès, à la « connivence coupable » des autorités de la frontière. Dans une note transmise au gouvernement tunisien, le 7 juin 1879, le chargé d'affaires de France signale nominativement un certain nombre de réfugiés algériens, qui se livrent, au vu et au su des gouverneurs tunisiens, inertes ou complices, au commerce des armes et de la poudre, et il demande l'éloignement de ces pourvoyeurs de la révolte : « L'autorité, qui n'ignore pas ces agissements, ne fait rien pour y mettre un terme. » Qu'attendre, en effet, du gouverneur du Kef, maintenu malgré les plaintes de nos agents, et des actes incessants d'hostilité, comme ceux que M. Allegro, consul de Tunisie à Bone, rappelait à M. Roustan dans la note suivante :

« Pendant l'insurrection algérienne de 1871, lorsque Kablouti passa la frontière avec les spahis révoltés, Si-Rechid leur offrit l'hospitalité chez lui, au Kef, dans la maison du gouvernement. Ils y restèrent une dizaine de jours et n'en sortirent que pour aller combattre contre nos troupes sur la frontière d'Algérie.

« En 1875, ayant reçu du général Khérédine l'ordre d'arrêter un cheik tunisien qui était venu, avec une troupe armée, mettre le feu dans le cercle de la Calle, Rechid répondit qu'il ne pouvait le faire, faute de forces suffisantes. Je n'en ai pas moins pu, quelques jours après, me rendre maître, seul et sans le moindre auxiliaire, de cette troupe de brigands. Il est vrai que j'ai agi par intimidation et que j'ai couru de grands risques. J'ai également fait rendre 300 bœufs volés par les Fezzanas, et obtenu des Khroumirs une *dia* de 100 bœufs en faveur d'une famille italienne. Rechid n'avait pas voulu se charger de l'exécution de ces mesures, malgré les ordres du général Khérédine. »

Pillage du navire l'Auvergne, *naufragé près de Tabarca, par les tribus khroumirs.*

Rapport du vice-consul de France à la Goulette (1er janvier 1878).

« Voici les explications que j'ai eues :

L'*Auvergne* a fait côte le 26 à 3 heures après-midi; la tempête était tellement forte que les deux rivières qui séparent le navire de Tabarque ne permettaient à personne de les traverser pour se porter au secours de l'équipage et du navire.

Que le lendemain matin, l'aghades zouaouas (garnison tunisienne du fort de Tabarque) a réuni une quinzaine de ses hommes et s'est porté vers le navire; qu'au moment où il franchissait la deuxième rivière, il rencontra l'équipage qui, de son côté, essayait, en venant vers Tabarque, de fuir les pillards qui le poursuivaient; qu'il courut contre eux et dégagea l'équipage; qu'il s'employa alors à assurer le passage des hommes par la rivière et à la nage, et à les faire couvrir le mieux possible, car ils avaient été déjà dépouillés ; le cuisinier fut emporté par le courant de la rivière et se noya ; que, cela fait, il s'en fut auprès des pillards qui avaient déjà beaucoup pris, pour leur dire qu'il était le représentant de l'autorité, quoiqu'il ne fût pas le délégué du khalifa, et qu'ils avaient à cesser le pillage, rendre ce qu'ils avaient pris et se retirer, et que lui allait se charger de garder le navire et veiller à la conservation du tout ; que ces paroles furent accueillies par des menaces pour lui et ses hommes, s'ils ne se retiraient pas immédiatement, et que devant le nombre considérable des pillards en partie armés, il a dû abandonner l'*Auvergne* au pillage, n'ayant pas cru devoir se battre, lui et les siens, contre lesdites tribus, parce qu'il n'avait pas ces ordres-là de ses supérieurs, n'étant que l'agha des Zouaouas et non l'oukil du khalifa. Telle a été l'excuse de l'agha de ne pas avoir fait usage des armes quand je lui ai reproché de n'avoir pas agi avec énergie.

L'officier militaire m'a répété la même chose en ajoutant que l'agha et ses hommes auraient été anéantis s'ils avaient tiré un coup de fusil.

Quant à l'équipage, aussitôt la rivière passée, il a été soigné soit par l'agha qui l'avait délivré des mains des pillards, soit par l'officier, puis remis à M. l'agent sanitaire Lancella, qui lui a prodigué tous les secours nécessaires jusqu'à l'arrivée de ceux venus de la Calle avec M. Panariello.

Ce matin vers 8 heures, après avoir interrogé l'agha et l'officier et tous ceux qui ont vu le pillage, j'ai voulu me rendre compte par moi-même et de la position du bâtiment et de l'état du pillage qui continuait depuis le 27. A cet effet, après avoir pris conseil de l'agha et de M. Lancella, j'ai quitté Tabarque vers neuf heures, accompagné de l'agha, de l'officier de marine Bartolomeo Giugliani, de l'officier du fort, de mon janissaire, des deux gendarmes et d'une vingtaine de Zouaouas en partie armés.

Comme déjà, à cette heure, le nombre de pillards dépassait peut-être deux cents, en grande partie armés, dont une trentaine de cavaliers, j'ai établi une ligne de retraite de notre expédition à environ un kilomètre de l'*Auvergne*, ligne qu'on ne pouvait traverser qu'à la nage. J'ai passé la rivière au moyen d'une embarcation dans laquelle nous sommes montés au nombre de quatre seulement, c'est-à-dire l'agha, l'officier du fort, l'officier de marine et moi. Nous avons laissé sur la rive droite de la rivière notre compagnie d'environ vingt à vingt-cinq Zouaouas, avec les gendarmes, car on m'avait presque assuré que si nous étions allés contre les pillards avec notre force armée, non seulement on ne nous aurait pas laissés approcher, mais que peut-être on nous aurait attaqués ; nous avons débarqué sur la rive gauche et gardé le canot à cette rive pour nous servir en cas de besoin, et, après avoir envoyé un émissaire, nous nous sommes portés vers la tribu de pillards. L'agha ayant expliqué

que le consul voulait voir si le navire était brisé ou encore entier
et se retirer ensuite, les chefs hélèrent tous ceux qui étaient sur
le navire occupés à piller et on nous laissa le champ libre pour
visiter, après nous avoir cernés un bon moment au milieu d'une
centaine d'entre eux pour nous questionner sur ce que nous
voulions....

Je suis monté alors avec l'officier de marine Bartolomeo Gui-
gliani à bord de l'*Auvergne*, qui offrait un aspect des plus
tristes : les chambres, postes d'équipages, roufles, entreponts,
cuisine, tout avait été non seulement pillé, mais la boiserie de
tous ces endroits avait été détruite à coups de hache et emportée.
On ne voyait plus sur ce beau navire que ses quatre mâts déjà
presque dégarnis de cordages, la machine à moitié submergée,
la cheminée et une embarcation tenant encore au porte-manteau
de bâbord du centre. Aucune voile, aucun câble, ni haussière, ni
grelin, ne se voyaient plus. Quant à la coque, nous l'avons bien
examinée et nous avons constaté qu'elle était coupée en deux
près de la cloison étanche de l'avant, où une ouverture d'un
mètre se faisait voir partant du pont jusqu'à la carène, et d'où
la mer brisait dans le navire. Vers la cloison étanche arrière,
une autre rupture se laissait voir. Après ce minutieux examen,
nous nous sommes retirés ; aussitôt que nous nous sommes portés
vers la rivière où nous attendaient nos hommes, et sans perdre
un instant, une cinquantaine de pillards reprenaient leur œuvre
suspendue un moment à cause de notre présence ; il était midi
lorsque notre expédition a été terminée.

D'après les renseignements donnés par l'agha des Zouaouas,
Si Houssin-ben-Saïd et de nombreux habitants de la localité,
plusieurs cheiks étaient venus avec leur fraction de tribu, pour
veiller à ce qu'on ne leur fraudât rien de la part qui leur revenait.

Le 31, c'est-à-dire *quatre jours après que le pillage avait
commencé et continuait*, un des cheiks des pillards, Mohamed-
ben-Amoz, envoyait dire à l'agent sanitaire Lancella, que s'il
voulait aller prendre consignation du bateau, il le lui consigne-
rait et lui présenterait des hommes pour le garder. Le sieur
Lancella m'ayant informé de cela, je lui ai conseillé de lui
répondre que maintenant que le bateau était pillé, nous ne voulions plus le recevoir.   J. Cubisol.

Dépêches de l'amiral Pothuau, 2 février et 5 février 1878 :

Les naufragés sont arrivés à la Calle presque nus ; les Arabes
ont dépouillé et pillé tout à bord depuis le 26 ; les canots ont été
démolis et emportés en planches....

Les soldats tunisiens de Tabarque, qui étaient venus sur les
lieux pour empêcher le pillage, se sont retirés dans leur fort
devant les menaces de bandes de pillards de deux cents hommes
au plus...

10.

NOTE V

---

*Rapport de M. le commandant Vivensang sur la conférence
de Drakheroum.*

Camp d'Oued-Bidour, près Dra-Kheroum, 4 mars 1881.

Mon Général,

A la suite de la conférence du printemps de 1880[1] et
des résultats relativement considérables que nous avions
obtenus, ainsi que des arrestations opérées sur nos instances
par le gouvernement tunisien, nous avions lieu d'espérer
que la sécurité renaîtrait sur nos frontières.

Il n'en a pas été ainsi : à peine le délégué français s'était-
il éloigné du pays, que des désordres graves naissaient au
camp tunisien ; les contingents se dispersaient et Si Allala,
peu rassuré, rentrait précipitamment à Tunis. Il y était
comblé d'honneurs pour être parvenu à restituer quelques
centaines d'animaux ; on révoquait le caïd de la Rekba, le
vieux colonel d'artillerie Si Mohamed-ben-Amar, brave et
honnête homme ; on le remplaçait par le nommé Si Ahmed-
ben-Amara, des Oulad-Sdira, très opposé à nos intérêts,
mais qui s'était acquis, nous ne savons par quels moyens, les

---

1. La conférence du mois de mars 1880, composée du commandant Vivensang, du colonel tunisien Allalah-Djouini, et de
M. Allegro, consul de Tunisie à Bône, avait en effet abouti,
grâce à l'expérience et à l'énergie du consul tunisien, au règlement d'un certain nombre de réclamations françaises au moyen
d'un forfait de 65,000 francs à payer en quatre mois.

faveurs du délégué tunisien. Comme don de joyeux avènement et dans l'espoir d'augmenter son parti, on mettait en liberté les notables Ouchtetas, dont l'arrestation était cependant pour nous la meilleure sécurité.

Les résultats de cette politique ne tardaient pas à se faire sentir.

La frontière s'ouvrait plus que jamais devant des malfaiteurs. Les bandes armées renouvelaient, sur une échelle depuis longtemps inconnue, leurs violations de territoire, et ajoutaient à leur actif, en quelques mois et avec une audace inouïe, des centaines de vols et plusieurs meurtres; enfin deux individus des Oulad-Ali brûlaient les forêts dans le cercle de la Calle, et la tribu entière des Ouchtetas, mettant à exécution des menaces faites au printemps dernier, promenait la torche incendiaire sur toute la limite des Oulad-Diah, du cercle de Soukahrras, et commettait dans nos richesses forestières des dégâts considérables.

Ces Ouchtetas, en vrais sauvages, renouvelaient durant huit jours leur action criminelle et osaient encore, du haut des sommets, insulter nos milliers de travailleurs.

Tous ces faits délictueux ayant motivé de nombreuses demandes de satisfaction, le gouvernement du Bardo proposa une conférence.

C'est ainsi que le 1er février nous avons reçu l'ordre par le télégraphe de nous rencontrer, le 3, à la frontière, avec le délégué tunisien, Si Hassouna-ben-Sliman-Zouari.

Sur la demande directe de ce dernier, et par suite du mauvais temps et de la grosseur des rivières, la première entrevue n'a pu avoir lieu que le 10 février.

Si Hassouna m'exprima le désir vif de son gouvernement de donner toutes satisfactions, mais elles se réduisaient, dans sa pensée, à faire attribuer quelques indemnités en nature ou en argent.

Il ne songeait pas, ou passait à dessein sous silence les faits autrement graves consistant dans l'asile donné à tous nos malfaiteurs, les violations de frontière commises pour ainsi dire quotidiennement par des bandes de pillards tunisiens, agissant toujours avec la connivence et la complicité de la tribu entière. Si Hassouna était également persuadé qu'il aurait suffi, pour décliner toute responsabilité, de faire établir, par deux adouls tunisiens, un acte constatant que les incendies n'étaient pas le fait des tribus de la régence, alors que nous savons très pertinemment quelle est la collectivité coupable de ces sinistres.

Je m'appliquai, dans mon entretien avec Si Hassouna, ainsi que dans les pièces remises les jours suivants, à bien faire connaître la valeur et l'importance de nos revendications, à appuyer chacune de ces dernières d'indications précises et que nous croyons indiscutables.

Quant aux incendies, en ce qui concerne du moins ceux des Oulad-Diah, si graves par les circonstances où ils ont eu lieu, j'ai offert à Si Hassouna, s'il voulait faire une enquête sur place, de lui faire acquérir, par ses yeux et par ses oreilles, la certitude de la culpabilité de la tribu entière des Ouchtetas.

Je demandai enfin au délégué quelles étaient ses instructions ainsi que ses pouvoirs, et les mesures qu'il était autorisé à prendre pour couper court à la situation existante.

Sans répondre directement à ma question, Si Hassouna me parla de ses fermes intentions d'arriver à bien et chercha à me persuader, sans toutefois y parvenir, que, dans peu de jours, j'aurais lieu d'être satisfait de ses actes. Il se faisait une illusion que je n'avais pas. Induit en erreur par le caïd de la Rekba, il croyait voir arriver autour de lui des contingents nombreux, effrayer avec eux les insoumis et en obtenir tout ce qu'il se proposait de leur demander en fait de satisfactions et de garanties; mon expérience de l'année dernière m'avait permis d'émettre des doutes sur la réalisation de ce plan, et la suite m'a grandement donné raison; jusqu'à la date du présent rapport, Si Hassouna est seul comme au jour de l'entrevue.

Le 23 février, le caïd de la Rekba a été mandé à Tunis; mais cette mesure, sur laquelle Si Hassouna croyait pouvoir compter pour amener autour de lui quelques partisans, n'a eu aucun résultat.

Quoi qu'il en soit, j'ai remis, dans les premiers jours de février, au délégué divers dossiers comprenant :

Un état de vingt-quatre réfugiés algériens avec indication des douars où ils habitent; — Un état de huit meurtres; — Diverses listes comprenant quatre cent cinquante vols commis depuis la fin de la dernière conférence, c'est-à-dire depuis huit mois à peine!

Pour chaque affaire, nous avons donné les noms des malfaiteurs, leurs tribus et la date où le méfait a été commis.

Ces vols, et on n'a certainement pas eu le temps de tout me notifier, portent sur :

1,670 bœufs; 14 chevaux; 39 juments; 22 mulets; 8 ânes; 2,300 francs de rançons ou de valeur d'objets enlevés.

En outre, nous avons fait prendre note du montant des dégâts commis à nos forêts, et qui s'élèvent à 115,000 francs pour les incendies allumés par la tribu des Ouchtetas dans les Oulad-Diahs, du cercle de Soukahrras; à 171,384 francs pour les incendies qui ont éclaté dans le cercle de la Calle. En ce qui concerne ce dernier crime, nous avons livré aux autorités tunisiennes les noms des deux individus des Oulad-Alis dont la culpabilité a été constatée lors du sinistre.

Ce n'est pas sans la plus pénible surprise qu'on lit une pareille énumération de crimes dans un aussi court espace de temps; mais comment en serait-il autrement?

Les chefs investis par le gouvernement tunisien prêchent d'exemple; nous savons, en effet, et nous l'avons déclaré par écrit au délégué, que les 39 bœufs, volés en décembre à des gens des Oulad-Bechias, ont été conduits chez le cheik Malek, des Mracen, où ils sont encore au moment où j'établis ce rapport.

Enfin, comment nos voisins ne pilleraient-ils pas en temps ordinaire, lorsque pendant que les deux puissances ont des délégués en conférence sur la limite, ils osent continuer leurs exploits? En effet, le 13 février, quelques Ouchtetas, violant la frontière, ont pénétré chez les Chiebnas pour marauder et ont été chassés par les gens de notre tribu; mais, plus heureux sur un autre point, ils ont enlevé, dans la même nuit, quatorze bœufs à un homme, aussi des Chiebnas, auquel ils ont été rendus quelques jours plus tard pour la somme de 420 francs. Cette négociation a demandé quarante-huit heures, pendant lesquelles les cinq malfaiteurs ont débattu, sans la moindre vergogne, devant tout leur douar, le montant du prix de la restitution.

Inutile de dire qu'à une demande de réparation immédiate, le délégué, ne voulant pas avouer son impuissance, n'a même pas pris la peine de répondre.

A notre grand regret, les raisons les plus sérieuses nous autorisent à croire que cette conférence n'amènera que des résultats négatifs.

Nous avons conscience de notre côté d'avoir tenu la conduite la plus correcte, et d'avoir allié, dans les moindres détails, l'obligeance et l'aménité les plus complètes à la fermeté qui nous avait été commandée.

Sur le désir de Si Hassouna, j'ai été autorisé à avoir autour de moi un nombre respectable de cavaliers, et j'ai placé le camp sur la limite des Ouchtetas; Si Hassouna, à diverses reprises, a exploité cette situation, en cherchant à faire croire aux Ouchtetas et autres voisins récalcitrants que nous allions intervenir immédiatement, s'ils n'allaient pas se soumettre à toutes les conditions qu'il croirait devoir leur imposer; mais ces menaces se sont toujours heurtées à une complète incrédulité.

En attendant, la situation du délégué tunisien n'est plus tolérable. Il est toujours isolé à Bou-Chebhoum, ne connaissant pas le pays, n'y ayant aucune attache, ce qui ne l'a pas empêché, hier soir, 3 mars, de répondre à nos si graves demandes de satisfaction d'une manière tout à fait évasive.

Si Hassouna passe sous silence la question des réfugiés, question majeure, s'il en fût, puisque ce sont des criminels qui sont les guides, sur notre territoire, de ces bandes de pillards tunisiens qui viennent jeter la terreur, pour ainsi dire, jusqu'aux portes de Bône. Il innocente les Ouchtetas ou autres du crime d'incendie, au moyen de je ne sais quelle déclaration écrite par des adouls, persuadé sans doute que nous ignorons la valeur qu'il faut attacher à leur justice, à laquelle ils ne croient pas eux-mêmes.

Il ne dit pas un mot des innombrables violations de frontière, toutes suivies de meurtres ou de vols, sans doute parce que, malgré ce que j'ai pu lui dire, il n'en saisit pas ou fait semblant de n'en pas comprendre l'importance.

Quant aux meurtres et aux vols, il facilite sa tâche en les annulant par l'envoi de revendications dont les totaux fantastiques feraient croire que les Ouchtetas ne sont que des apprentis voleurs à côté des gens de nos tribus.

En résumé, soit que Si Hassouna agisse par lui-même, ce que je ne crois pas, soit qu'il suive, pour ses moindres actes, l'inspiration du cabinet du Bardo, tout cela n'est pas sérieux.

Ce gouvernement semble prendre notre longanimité, notre générosité pour de la faiblesse. Il donne, dans cette conférence, la mesure des égards qu'il conserve pour nous, et *je dois dire malheureusement que les tribus frontières de la régence elles-mêmes ne croient plus à notre force.*

A notre humble avis, la voie diplomatique n'est plus suffisante pour obtenir le règlement de nos réclamations et prévenir le retour des agressions dont nous nous plaignons.

Le cabinet du Bardo, ne voulant pas avouer ouvertement son impuissance sur des *tribus insoumises où ses représentants n'osent pas mettre les pieds*, préfère employer des moyens indignes d'une puissance qui se respecte.

Il nous appartient d'user en la circonstance de mesures énergiques, car l'expérience que j'ai de ces contrées me permet d'avancer que, si nous cédons cette fois, nous n'aurons plus la moindre autorité sur la frontière, et nous perdrons tout prestige même auprès des nôtres.

Le chef de bataillon, commandant supérieur du cercle de Soukahrras, délégué à la conférence de 1881.

VIVENSANG.

M. Roustan avait prévu, d'ailleurs, l'échec de la conférence. Il expose, dans une dépêche au gouverneur général, du 11 février 1881, tout ce qu'avait d'insuffisant ce système de transactions et de cotes mal taillées, quels sacrifices il nous imposait, et comme il était peu propre, même en ce cas de succès relatif, à relever notre autorité :

Nous avons essayé jusqu'ici de la voie diplomatique pour obtenir justice, mais nous ne pouvons plus nous dissimuler aujourd'hui que ce moyen est insuffisant. Les conférences à la suite desquelles nous avons obtenu des indemnités n'ont abouti qu'à des transactions consenties au prix de larges sacrifices de notre part. Si ces transactions ont pallié pour les particuliers certains dommages matériels, elles n'ont jamais stipulé aucune indemnité pour les incendies, aucune punition pour la violation de notre frontière, ni pour les assassinats commis sur notre territoire, si ce n'est la *dhia*, ou prix du sang. Si ce mode de répression est admis par l'usage entre les individus d'un même pays, soumis à la même autorité, peut-il être considéré comme suffisant, lorsqu'il s'applique à des actes qui violent en même temps le droit privé et le droit international? Si l'on considère que, dans la plupart de ces cas, les agresseurs sont toujours des Tunisiens et les victimes des Algériens, n'est-il pas à craindre que notre prestige auprès des indigènes soit considérablement atteint par un mode de règlement dans lequel les concessions viennent toujours de notre côté? Enfin si, par amitié pour le bey, nous nous résignons, en temps ordinaire, à cet état de choses, doit-il en être de même dans le cas où les circonstances politiques ne nous commandent pas les mêmes ménagements? Je crois devoir, monsieur le gouverneur général, soumettre ces réflexions à votre haute appréciation.

Vous faites observer avec raison qu'il est nécessaire, avant de recourir aux mesures extrêmes, d'épuiser tous les moyens pacifiques, et il vous semble que nous devons mettre à profit la bonne volonté du bey pour obtenir le règlement de nos affaires par des conférences. J'ai été le premier à préconiser ce système, tant que j'ai cru qu'il pouvait remédier aux troubles incessants de notre frontière, et amener le gouvernement du bey, à la suite des réparations considérables qui lui étaient demandées, à faire une police plus exacte sur cette partie de son territoire. Mais aujourd'hui, nous avons acquis l'expérience que ce mode de règlement n'est pas suffisant pour prévenir le retour des agressions, et il est à craindre qu'il le devienne de moins en moins à l'avenir. Quelles que soient au fond les intentions du bey, la démonstration de son impuissance à se faire obéir est maintenant complète; après chaque conférence, les mêmes brigandages se reproduisent et s'aggravent.

Vous reconnaissez, d'ailleurs, que nous pouvons être amenés éventuellement à nous départir de la réserve dans laquelle nous nous sommes tenus jusqu'ici, par suite de l'accumulation de nos griefs restés sans réparations. Je crois que le passé nous en fournit déjà un certain nombre, notamment en ce qui concerne les incendies, pour lesquels nous n'avons obtenu, jusqu'à présent, que je sache, aucune indemnité, ni punition. Je joindrai à ce faisceau de nos justes réclamations toutes celles qui se produiront à l'avenir, et les ordres que vous avez bien voulu donner, pour que les actes délictueux commis sur notre frontière fussent signalés sans retard, me faciliteront beaucoup cette tâche.

Autre dépêche de M. Roustan au gouverneur général, du 1er mars 1881

Tunis, 1er mars 1881.

Suivant le désir que vous m'avez exprimé, j'ai fait hier des démarches au Bardo pour presser l'envoi des instructions dont l'absence empêche Si Hassouna de rien conclure avec le commandant Vivensang, et je me suis plaint du retard apporté depuis trois semaines au règlement de nos justes réclamations. Le premier ministre m'a répondu en me communiquant une lettre du caïd de la Rekba qui essaye de rejeter sur les exigences du commandant Vivensang les difficultés qui ont surgi. Je ne m'explique pas bien cette intervention du caïd de la Rekba dans des négociations qui ont été conduites jusqu'ici par Si Hassouna, et *il est évident que nous ne saurions avoir affaire simultanément à tous les délégués tunisiens, dont l'un nous amuse par des promesses, tandis que l'autre se plaint de nos exigences.* C'est ce que je viens de faire observer à Mustapha. Mais je suis sans aucune confiance dans le résultat de ces négociations. *On a le désir évident de nous éconduire. J'en ai eu la preuve par le soin qu'a mis cette fois-ci le premier ministre à écarter des conférences son agent à Bône, M. Allegro, qui, par son influence sur les tribus tunisiennes, avait beaucoup facilité les règlements précédents.*

Le Bardo est entretenu dans ces fâcheuses dispositions par certains journaux de provenance étrangère, qui s'efforcent d'atténuer et même de nier nos griefs, en prétendant que nous ne les avons invoqués que pour agir sur le bey et le rendre plus docile à nos volontés.

NOTE VI

Les Khroumirs en 1881.

PREMIÈRES INCURSIONS DES KHROUMIRS, 16 FÉVRIER 1881. — DÉPÊCHES DU GOUVERNEUR GÉNÉRAL. — ATTITUDE DU [GOUVERNEMENT BEYLICAL.

Le 17 février 1881, le gouverneur général de l'Algérie transmet au gouvernement français trois télégrammes de la division de Constantine, d'où il résulte :

· Que dans la matinée du 16 février, une centaine de Khroumirs ont franchi la frontière française, pillé et brûlé les tentes des Aouaouchas;

Que cette attaque a été renouvelée dans l'après-midi ; que cette fois les assaillants étaient au nombre de 200 ou 300 ; que les Ouled-Cedra se sont joints aux Khroumirs ; qu'il a fallu faire venir des spahis du Tarf, deux compagnies de zouaves de Bône, une compagnie et demie du 59ᵉ, et la garnison de la Calle, pour prêter main forte aux Aouaouchas; *pareil fait,* disent les dépêches, *ne s'était pas produit depuis vingt ans.*

Il ne s'agit pas cette fois d'un crime particulier, portant atteinte aux droits privés d'un sujet français, « mais d'une violation de frontières commise en pleine paix, sans provocation, par des collectivités armées et à deux reprises différentes, d'une atteinte grave au droit international. (*M. Albert Grévy à M. Barthélemy Saint-Hilaire, le 23 février 1881.*)

Les Khroumirs se sont retirés devant des forces supé-

rieures et paraissaient disposés à payer des indemnités pécu-
niaires; mais quelles garanties peuvent-ils nous offrir
contre le retour de leurs incursions? Aucune, dit avec raison
le gouverneur général.

*« Il n'y a pas, chez ces tribus sauvages, une autorité
quelconque en état d'imposer sa volonté et de nous garantir la paix et la sécurité vingt-quatre heures après la rentrée de nos troupes dans leurs cantonnements. »*

Le gouvernement tunisien vient de nous obliger, pour protéger la vie et les biens de nos nationaux, à des mesures troublant
la tranquillité de tout un pays et grevant notre budget de
dépenses considérables résultant de la mobilisation de nos
troupes, de leur entretien et de leur approvisionnement hors de
leurs résidences habituelles. Il est donc juste que nous soyons
largement indemnisés. Et comme, d'autre part, rien ne nous
garantit que demain les mêmes faits ne se reproduiront pas,
nous sommes fondés à exiger du gouvernement tunisien un gage
nous assurant le remboursement intégral de nos dépenses effec-
tuées ou à faire et la sécurité de notre zone frontière.

Si nous avons pu consentir à des conférences réglant, à
l'amiable, des faits d'ordre privé; si même, contrairement aux
usages entre États civilisés, nous nous sommes contentés, jusqu'ici, de simple dommages-intérêts et de *dhias*, comme répression de meurtres et de razzias commis sur notre territoire par des
Tunisiens, nous l'avons fait par amitié pour le bey et en échange
de concessions gracieuses qui nous étaient accordées dans d'autres
affaires dont profitaient nos nationaux.

Mais les circonstances politiques ne sont plus les mêmes, et
peut-être estimerez-vous que le moment est venu de nous départir de cette bienveillance et de cette réserve excessive dont la
continuation ne peut qu'affaiblir notre prestige aux yeux des indigènes algériens, tout en diminuant notre influence auprès du
cabinet du Bardo (23 février).

Le gouverneur général se trompait en un seul point : les
Khroumirs n'étaient nullement enclins aux solutions pacifiques. La longanimité du gouvernement français, l'impuissance du gouvernement tunisien, la complicité des caïds de
la frontière, les excitations directes venues du Bardo vont
porter leurs fruits.

L'incursion du 16 février, non réprimée, n'était que
le prélude des affaires, beaucoup plus graves, des 30 et
31 mars.

COMBATS DES 30 ET 31 MARS.

*Le général commandant le 19ᵉ corps au ministre
de la guerre, à Paris.*

Alger, 1ᵉʳ avril 1881.

Le 30 mars, les Khroumirs, au nombre de 400 à 500, divisés en trois bandes, ont envahi notre territoire, cercle de la Calle. Après une fusillade d'environ deux heures avec une de nos tribus, ils ont repassé la frontière. Le 31, les Khroumirs ont attaqué de nouveau les tribus, celles-ci soutenues par une compagnie du 59ᵉ qui se trouvait à Roumelsouk et une compagnie de zouaves venue du Tarf. Le combat a duré onze heures; nous avons perdu au 59ᵉ trois morts, et un blessé; au 3ᵉ zouaves, un mort, et cinq blessés. Des munitions, des cacolets et deux pièces de quatre de l'armement de la Calle ont été dirigés de la Calle sur la frontière en vue d'une attaque ultérieure que l'on me signale comme possible. Les dispositions suivantes ont été prises : les trois compagnies de zouaves qui se trouvaient au Tarf, ainsi que les spahis de cette smala, ont été dirigés sur Roumelsouk. Une compagnie du 59ᵉ, ainsi qu'une division du 4ᵉ hussard, partent de Bône. Un bataillon de zouaves, qui arrivera le 3 sur la frontière, part de Constantine. Les spahis d'Aïn-Guettar et de Bou-Hadjar ont été envoyés au Tarf; une section de 80 et un bataillon de tirailleurs, pris à Sétif, sont tenus prêts à partir. Enfin, par mesure de précaution, la garnison de Soukahrras a été renforcée de deux compagnies du 34ᵉ stationnées à Guelma. Le général Ritter se rend à la frontière. L'agitation est localisée sur la frontière du cercle de la Calle. Les tribus tunisiennes en face de Soukahrras sont jusqu'à présent tranquilles.

OSMONT.

A la nouvelle de l'attaque des Khroumirs, le bey a envoyé un officier avec cent cavaliers pour rétablir l'ordre et faire un rapport sur les événements. Il prétend que cette nouvelle attaque a eu pour cause notre refus de payer la *dhia* aux deux Tunisiens tués à la première affaire, comme l'acceptaient les tribus algériennes. Il est hors de doute que l'officier qui vient d'être envoyé va faire un rapport d'après lequel tous les torts seront du côté des Algériens. C'est le système adopté désormais pour toutes les questions de la frontière. *(Dépêche de M. Roustan, 2 avril.)*

REVENDICATIONS DE TERRITOIRES FRANÇAIS.

Hadj-Goïad, caïd des Freichichs, aurait annoncé à celui des Oboughamos, *qu'aux termes d'instructions du premier ministre, la frontière tunisienne serait prochainement reculée jusqu'à Becarimh.* Les Ouarphas s'attendent aussi à se voir attribuer *la portion de territoire français comprise entre Sidi-Youssef et Aïn-Hadjar.* Enfin Hor, le caïd de le Rekba, a écrit au caïd français pour l'inviter, toujours en vertu d'ordres du premier ministre, *à évacuer le pays que nous occupons près de la mosquée de Sidi-el-Hamici.*

(*M. Albert Grévy à M. Barthélemy Saint-Hilaire, 3 avril 1881.*)

Je reçois une dépêche du gouverneur général de l'Algérie au sujet de l'attitude des tribus tunisiennes et des revendications de territoires que le gouvernement du bey se proposait de faire valoir. Ces renseignements expliquent les mouvements que j'ai déjà eu l'occasion de vous signaler. Ils me sont confirmés d'autre part par les informations de notre agent au Kef. Le gouvernement du bey commence à se convaincre que nous sommes dans l'impossibilité de faire respecter nos droits et même notre victoire.

(*Dépêche de M. Roustan, 3 avril 1881.*)

Dépêche de M. Roy, agent consulaire de France au Kef, au chargé d'affaires de la République, à Tunis.

Le Kef, 3 avril 1881.

J'ai l'honneur de vous confirmer mes informations précédentes, quelque invraisemblables qu'elles paraissent. On promet aux Tunisiens une rectification de frontières en leur faveur, sans doute pour les intéresser à nous combattre, le cas échéant.

Les instructions du premier ministre ont, je crois, reçu un commencement d'exécution à la Rekba : les indigènes de ce pays ont fait décamper des tentes algériennes qui se trouvaient en deçà de Sidi-el-Hamici. Ils sont en armes, sauf, disent-ils, à les déposer si le bey n'est pas effectivement soutenu par une puissance européenne.

La population du Kef est très calme jusqu'à présent. Je n'ai pas reçu de nouvelles alarmantes des diverses tribus de l'Ounifa. Deux courants d'opinion se sont manifestés chez les Ouarghas. D'après celui qui nous est favorable, la politique du beylik n'aboutira qu'à nous mettre en possession de la régence. Le parti antifrançais, qui semble très peu nombreux, a fêté au contraire par des yerdas la nouvelle de la rectification des frontières tunisiennes.

Le premier ministre, auquel j'ai fait communiquer la substance des dépêches du gouverneur général et de l'agence du Kef, nie avoir donné des ordres pour la prise de possession des territoires qu'elles indiquent, *mais il trouve tout naturel qu'ils aient été réclamés*, car, d'après lui, il est hors de doute qu'ils appartiennent à la Tunisie, notamment celui de Sidi-el-Hamied.   (*M. Roustan, 3 avril 1881.*)

Le premier ministre avait, malgré sa dénégation, donné l'ordre d'évacuation, comme le prouve la pièce suivante :

Le caïd de la Rekba (Tunisie) *au caïd des Ouïllen* (cercle de Soukahrras).

« J'ai reçu l'ordre écrit du premier ministre de faire décamper les Algériens établis à proximité du marabout de Sidi-Ali-el-Hamici, sur le territoire tunisien ; je vous prie en conséquence d'inviter tous ceux qui sont campés auprès de ce marabout à regagner le territoire algérien. »

AMOR-BEN-EL-HADJ-AMOZ.

Et Si Hassouna, le délégué tunisien à la conférence de la frontière, devait profiter de son entrevue avec le commandant Vivensang pour s'emparer du territoire contesté :

Si Hassouna, qui devait se trouver ce matin à Sidi-el-Hamici pour son entrevue avec moi, devait venir avec un goum nombreux et des contingents à pied considérables ; ces cavaliers et fantassins devaient être placés de façon à ne pas être vus tout d'abord, mais à paraître au premier signal ; il se proposait, paraît-il, de refuser toute satisfaction à mes demandes, et finalement d'appeler à lui les notables qui devaient émettre la prétention de recevoir les indemnités de notre part en même temps qu'ils exigeraient que tout le territoire avoisinant Sidi-el-Hamici leur fût livré comme ayant appartenu autrefois à la régence.

Toutes les mesures avaient reçu ce matin un commencement d'exécution. Un keder des Oulad-Moussens, établi aux Oulad-Merlems avec huit tentes, a reçu injonction des cavaliers tunisiens arrivés à Sidi-el-Hamici d'avoir à décamper. D'autre part, le caïd Hamed-Chérif m'envoie une lettre qu'il vient de recevoir du nouveau caïd de la Rekba. Celui-ci dit avoir reçu du premier ministre l'ordre de faire évacuer par les Algériens le plateau de Sidi-el-Hamici. Il invite le caïd Hamed-Chérif à prendre ses dispositions en conséquence. *Une grande effervescence règne dans les tribus de la Rekba. Nos tribus commencent à être fâcheusement impressionnées.* Les deux caïds présents au camp estiment que si l'entrevue avec Si Hassouna avait eu lieu aujourd'hui, une collision se serait fatalement produite.

(Dépêche du commandant Vivensang au général Forgemol,
2 avril.)

« On se ferait illusion si on ne considérait que l'affaire des Khroumirs, si grave qu'elle soit, pour se rendre compte de l'état des choses sur la frontière tunisienne. De la mer au Djerid, toutes les tribus tunisiennes sont agitées; les tribus algériennes sont travaillées. Les dépêches que j'ai eu l'honneur de vous transmettre constatent que l'on émet la prétention de déplacer violemment la frontière à nos dépens et de la reculer bien avant sur notre territoire, non seulement en face de Soukahrras, mais jusqu'à la hauteur de Tébessa. Les télégrammes de la préfecture de Constantine montrent que l'agitation est concertée et propagée jusqu'à l'extrême sud.

« En allant châtier les Khroumirs, ce qui [est absolument indispensable, et en localisant l'action autant que possible, il est cependant impossible de ne pas se préoccuper plus au sud d'autres éventualités, sans compter celles que les événements comportent déjà eux-mêmes. J'ai vu le général en chef. Le renfort qu'il vous a demandé d'urgence pour pénétrer avec assurance sur le territoire tunisien est un minimum que je serais heureux de voir dépasser. »

(M. Albert Grévy, 4 avril 1881.)

Dépêche de M. Rouslan, du même jour.

« J'ai déjà communiqué à Votre Excellence les nouvelles inquiétantes, au sujet de la sécurité de notre chemin de fer, que le directeur de l'exploitation venait de m'apporter, au retour d'une tournée sur la ligne. C'est principalement à la station frontière de Ghardimaou et aux environs des stations de la Dakla, voisines des montagnes des Khroumirs, que l'on signale l'effervescence des indigènes et leurs rassemblements armés. Les Arabes des tribus dont on avait annoncé le passage en grand nombre et en armes ne se rendaient pas, comme on le croyait d'abord, au secours des Khroumirs. Ils allaient rejoindre Si Hassouna et l'accompagner à la conférence qu'il devait avoir avec le commandant Vivensang, et pendant laquelle, suivant les renseignements venus d'Algérie, devait avoir lieu un coup de main contre la petite escorte du commandant français, sous prétexte d'une revendication de territoire aux environs de Sidi-el-Hamici.

Le premier ministre, auquel j'avais fait donner connaissance des prétentions soulevées par ses caïds et qui m'ont été signalées du Kef et d'Alger, a nié avoir donné aucun ordre à cet effet, mais il a soutenu que les territoires en question appartenaient au gouvernement tunisien. Jusqu'à aujourd'hui il a persisté à mettre les torts de notre côté à propos des attaques des Khroumirs.

Mais dans l'entrevue que j'ai eue avec lui cet après-midi, il m'a annoncé, comme je vous en ai informé par le télégraphe, la formation et l'envoi d'un camp chez les Khroumirs pour rétablir l'ordre dans le pays, et il m'a exprimé le désir que cette démonstration fût appuyée par la présence de nos colonnes, de l'autre côté de la frontière ; je n'ai cru devoir prendre aucun engagement à cet égard. J'ai tout lieu, en effet, de me défier de cette mesure, qui a été prise à l'instigation de M. Maccio, qui se donne beaucoup de mouvement depuis ce matin. Il a passé plusieurs heures avec le bey ; il a organisé une manifestation de la colonie italienne pour demander l'envoi de bâtiments de guerre ; mais ses démarches n'ont abouti qu'à la rédaction d'une adresse signée par vingt notables de la colonie. Enfin, il est allé cet après-midi chez le premier ministre, au moment où j'en sortais. La nouvelle apportée par l'agence Havas de l'éventualité de l'entrée de nos troupes sur le territoire tunisien l'a jeté dans une grande inquiétude, et il cherche à l'empêcher par tous les moyens. Il commence à comprendre que ses conseils ont acculé le gouvernement tunisien à une situation très dangereuse. C'est ce que j'ai fait, du reste, remarquer à Mustapha. Mais il en sera de ces avertissements comme des précédents, tant que le bey n'aura pas acquis la conviction et même la preuve que nous sommes décidés à obtenir par nos propres moyens la justice qu'il persiste à nous refuser dans toutes nos réclamations.

Les nouvelles apportées par les agents de chemin de fer sont toujours inquiétantes. Les Tunisiens annoncent, pour demain ou après-demain, une attaque contre nos troupes. La sécurité des employés de la voie et des Français en général qui habitent dans l'intérieur paraît toujours compromise. Les femmes et les enfants sont rentrés à Tunis. *Par contre, les Italiens ne sont l'objet d'aucune menace.* Ce fait démontre le peu de fondement des inquiétudes manifestées par M. Maccio.

ENTRÉE DES TROUPES FRANÇAISES EN TUNISIE.
DÉCLARATION DU MINISTRE DES AFFAIRES ÉTRANGÈRES.
RÉPONSE DU BEY.

M. Barthélemy Saint-Hilaire, ministre des affaires étrangères, à M. Roustan, chargé d'affaires de la France à Tunis.

Paris, le 6 avril 1881.

J'ai reçu vos deux télégrammes d'hier concernant les explications que le bey désire recevoir.

Veuillez déclarer à ce prince que nous faisons fond sur l'amitié fidèle dont il nous a si souvent donné l'assurance et

11.

dont nous avons à réclamer de lui aujourd'hui des marques effectives. Un péril menace l'intégrité de notre territoire et la sécurité des populations qui y vivent sous la protection de nos lois. Ce péril vient de tribus insoumises qui occupent une partie des États du bey, et contre lesquelles un devoir impérieux de défense légitime nous oblige d'opérer avec vigueur. Nous ne pouvons malheureusement pas compter sur l'autorité du bey pour réduire ces tribus, avec l'énergie et la promptitude qui sont indispensables, à un état de soumission qui les rende désormais inoffensives. Mais nous avons le droit de compter sur les forces militaires du bey pour nous prêter main-forte dans l'œuvre de la répression nécessaire. Nos généraux reçoivent en conséquence l'ordre de s'entendre amicalement avec les commandants des troupes tunisiennes, et de les avertir au moment où les besoins des mouvements stratégiques les amèneront à emprunter pour leurs opérations le territoire tunisien, soit près de la Calle, soit dans la vallée de la Medjerda. C'est en alliés et en auxiliaires du pouvoir souverain du bey que les soldats français poursuivront leur marche : c'est aussi en alliés et en auxiliaires que nous espérons rencontrer les soldats tunisiens, avec le renfort desquels nous voulons châtier définitivement les auteurs de tant de méfaits, ennemis communs de l'autorité du bey et de la nôtre. »

Dépêche de M. Roustan du 8 avril 1881.

« J'ai fait connaître au bey la déclaration que vous m'avez chargé de lui faire par votre dépêche du 6 avril, et j'ai l'honneur de vous transmettre la traduction de sa réponse, qui m'est parvenue hier.

« Malgré le changement survenu depuis quelque temps dans l'attitude et le langage du bey à notre égard, le ton d'aigreur de sa correspondance et son étrange prétention de contrôler jusqu'à mes rapports avec ma colonie, je n'aurais jamais imaginé que Son Altesse pût pousser à ce point l'oubli des égards qu'elle doit au gouvernement de la République. Ce langage hautain m'a jeté dans un étonnement dont je ne suis pas encore revenu.

« Votre Excellence sait d'ailleurs sous quelle influence cette réponse a été rédigée et comment il s'explique qu'elle soit, pour le fond et pour la forme, complètement en dehors des communications habituelles du Bardo, et même des tournures de la langue arabe.

« Encouragé par la longanimité avec laquelle nous avons supporté la longue série d'avanies qu'il nous inflige depuis quelque temps, et prenant la modération de notre attitude et de notre langage pour un indice de la faiblesse de nos résolutions ou peut-être même de nos moyens d'action, le bey se croit désormais tout permis. Je ne puis mieux caractériser cette situation que par ce propos tenu hier par un étranger, familier du Bardo, mais inquiet des préparatifs militaires qui se font sur notre frontière : « Il faut « reconnaître que le bey a été trop loin. Il a agi avec la « République française avec trop de sans-façon. Une catas- « trophe était inévitable. »

« Dans l'espoir de nous intimider, et aussi dans le but parfaitement chimérique de provoquer une intervention européenne, le bey ne craint pas de faire allusion aux dangers qu'un mouvement de fanatisme musulman pourrait faire courir aux colonies étrangères. Nous ne nous laisserons pas prendre à cette manœuvre. La population musulmane de Tunis se soucie peu que les Khroumirs soient ou non châtiés et qu'ils le soient par nous ou par le bey. Il serait possible, néanmoins, en la trompant sur la véritable situation et en excitant les passions religieuses, de produire quelque soulèvement ; mais ceux-là mêmes qui pourraient en être les instigateurs connaissent trop les conséquences qui en résulteraient, pour s'exposer, de gaieté de cœur, aux risques d'une pareille aventure.

« Il est désirable toutefois que nos opérations militaires soient conduites avec une force et une rapidité suffisantes pour décourager toute velléité de désordre, comme toute tentative de résistance. On pourrait faire comprendre au bey que, une fois le but principal de l'expédition atteint, nos troupes régleront leur mouvement sur son attitude. »

Lettre du bey de Tunis (annexe à la dépêche précédente).

« Nous avons reçu votre lettre d'aujourd'hui 7 avril, nous informant que le gouvernement français, notre ami, avait résolu de punir certaines tribus de notre royaume. Nous sommes surpris de cette décision prise par une puissance amie dont nous avons eu trop à cœur de conserver l'affection pour croire qu'elle ait le dessein de nous offenser par un pareil langage. Tous les faits que nous avons vu surgir jusqu'ici sur la frontière ne sont que des incidents de peu d'importance, résultat de l'habitude dont ne peuvent s'affranchir les tribus limitrophes, fussent-elles sous la dépendance d'une autorité unique. Malgré cela, dès que nous avons connu l'existence de certains troubles dans cette région, nous nous sommes empressé d'envoyer un officier avec des cavaliers, et nous venons d'apprendre, par les lettres qu'il nous a adressées, que la tranquillité règne là-bas grâce à Dieu, et que l'agitation qui s'était manifestée chez nos tribus de la frontière n'avait pour cause que la crainte des préparatifs militaires jaits contre elles sur la frontière algérienne. En outre, nos troupes envoyées aujourd'hui et celles qui vont être envoyées bientôt suffiront à rétablir la tranquillité la plus complète. Lors même qu'il serait établi que ces tribus se sont rendues coupables d'actes criminels, nous avons le pouvoir d'en arrêter les auteurs et de leur infliger le châtiment qu'ils auront mérité. Votre gouvernement illustre aura ainsi la preuve des efforts que nous avons faits, dans cette circonstance, dans l'intention de le tranquilliser sur la sécurité de l'Algérie. Nous ne doutons pas qu'il ne revienne dès lors sur la résolution qu'il a prise, et, s'il y persiste, nous l'informons à présent qu'elle est attentatoire à notre dignité vis-à-vis de nos sujets et des puissances étrangères, et peut-itre en résulterait-il d'autres complications et des dommages émpossibles à énumérer en ce moment. Nous ajoutons que l'entrée des troupes françaises sur le territoire du gouver-

nement tunisien est une atteinte à notre droit souverain,
aux intérêts que les puissances étrangères ont confiés à
nos soins et spécialement aux droits de l'empire ottoman.
En raison de tout ce qui précède, nous n'acceptons pas la
proposition de votre gouvernement, de faire entrer ses
soldats sur le territoire de notre royaume, et nous n'y con-
sentons pour aucune raison, et, s'il le fait contre notre volonté, il assumera la responsabilité de tout ce qui en
résultera.

---

*M. Barthélemy Saint-Hilaire, ministre des affaires
étrangères, à M. Roustan, chargé d'affaires de France
à Tunis.*

Paris, le 9 avril 1881.

Veuillez dire au bey que vous avez rendu compte de ses
observations au gouvernement de la République, mais
qu'il nous est impossible de modifier les dispositions qui
ont été prises et qui nous sont commandées par la gravité
exceptionnelle des événements de la frontière. Nos généraux
devront donc régler leur conduite sur l'attitude qui sera
observée par les troupes tunisiennes. Nous regretterions
beaucoup qu'un conflit dût s'ensuivre; mais si, par malheur,
nous nous étions mépris sur les intentions du bey en cette
circonstance et sur le caractère des relations qu'il désire
conserver avec la République française, nous devrions
décliner dès à présent la responsabilité des conséquences
qui résulteraient nécessairement du changement survenu
dans l'esprit de Son Altesse.

NOTE VII

La France et l'Italie en Tunisie.

C'est là, de l'autre côté des Alpes, l'endroit sensible et la plaie vive. Soucieux, avant tout, de ne pas l'aviver, le cabinet du 23 septembre s'est imposé sur ce chapitre délicat une discrétion dans la publication des pièces, une réserve dans la discussion parlementaire plus conformes à ses devoirs qu'à ses intérêts. On n'a point ici l'intention de s'en départir ; mais les convenances diplomatiques n'exigent pas qu'on laisse le champ éternellement libre aux polémiques qui intervertissent les rôles, déplacent les responsabilités, et, de bonne ou de mauvaise foi, peu importe, faussent l'histoire contemporaine.

Dans des lettres publiées par une Revue française[1], un homme d'État italien, des plus éminents, des plus sages, et l'on peut ajouter des plus français de son pays, s'est donné la tâche paradoxale de démontrer que l'Italie ne demandait dans la régence que le maintien du *statu quo*. On ne saurait douter ni de la sincérité de l'honorable M. Peruzzi ni de la droiture de ses intentions ; mais il constate lui-même que, jusqu'aux premiers mois de 1880, rien n'avait troublé l'accord des intérêts français et des intérêts italiens dans la régence ; que, jusque-là, du côté de l'Italie, de ses agents et de ses nationaux, aucune prétention n'avait surgi qui pût porter ombrage à l'influence française ; qu'enfin, le premier

---

1. *La Revue politique* du 23 juillet et 20 août 1881.

choc eut lieu pour une question « relativement petite », selon lui : celle du monopole des lignes télégraphiques dans la régence.

M. Peruzzi prétend que « le câble sous-marin entre la Sicile et les côtes tunisiennes, avec employés italiens et bureaux italiens à Tunis même, était sur le point d'être fait en 1864. L'Italie, ajoute-t-il, a eu le tort de ne reprendre cette idée qu'en 1880. » — En 1864, comme en 1880, l'établissement d'une administration italienne de lignes télégraphiques, à côté de l'administration française, eût été la violation formelle du monopole concédé à la France par les conventions du 24 octobre 1859 et du 19 avril 1861, en retour des dépenses qu'elle avait faites pour organiser le réseau télégraphique en Tunisie. Ce monopole, on l'avait, en fait, toujours respecté. C'est au printemps de 1880 qu'on s'avise, pour la première fois, d'y porter atteinte. Le gouvernement français ne s'opposait pas à la pose d'un câble, mais à l'établissement d'un bureau des télégraphes italien. Au contraire, c'est au bureau italien, plus qu'au câble, que tenait le gouvernement italien. Était-ce une rencontre fortuite, un caprice consulaire, une suggestion de l'intérêt privé ? Non ; l'inspiration gouvernementale était manifeste : c'était le premier acte d'une politique nouvelle. Au même moment (avril 1880), la compagnie Rubattino dispute à la compagnie de Bône-Guelma le tronçon de Tunis à la Goulette, obtient d'un juge anglais l'annulation d'un contrat en bonne forme, qui avait transféré cette ligne de la *Tunisian Railway Company limited* à la compagnie française, et les Italiens l'emportent dans une adjudication nouvelle. « L'Italie se réjouissait de cette victoire », dit quelque part M. Peruzzi. En effet, le prix excessif payé par M. Rubattino, l'importance d'un sacrifice pécuniaire hors de toute proportion, soit avec la valeur industrielle de cette petite ligne, soit avec les ressources personnelles de l'adjudicataire, révélaient suffisamment le patronage gouvernemental qui, bientôt après, se découvrait, sans plus de façons, par le vote d'une garantie d'intérêt de 6 pour 100 accordée par le Parlement italien, sur l'initiative du gouvernement.

Le ministère français, qui n'eût voulu voir dans cette pointe hardie poussée dans nos affaires qu'un phénomène de libre concurrence, eût été accusé de sottise ou de trahison. La distinction est facile à faire entre les entreprises d'intérêt privé et celles qui se rattachent au domaine public; entre les affaires particulières, qu'il faut laisser, en Orient comme ailleurs, au libre débat, au libre effort des intéressés, et les grandes entreprises d'utilité publique : les chemins de fer, les ports, les lignes télégraphiques, etc., dont l'État ne se désintéresse en aucun pays, parce qu'elles sont partout, et en pays oriental plus qu'ailleurs, fonctions intégrantes de l'État. Disputer à la France une partie quelconque de la grande ligne stratégique qui relie Tunis à la frontière algérienne, émettre la prétention d'établir à côté de l'administration française des lignes télégraphiques de la régence une administration et un service télégraphiques italiens, c'était manifestement porter la main sur notre suprématie traditionnelle, modifier à notre détriment le *statu quo* politique dans la régence, entrer de vive force en partage de ce haut protectorat économique, exercé depuis longtemps par la France sur les finances et sur la dette de la Régence, sur ses voies ferrées, sur ses travaux publics : véritable démembrement de la souveraineté locale, que la puissance protectrice ne peut partager avec aucune autre, à moins qu'elle ne lui reconnaisse des intérêts et des droits égaux aux siens, comme ont fait la France et l'Angleterre en organisant le protectorat économique du gouvernement égyptien. Je sais que cette égalité des intérêts et des droits est la thèse même de l'Italie dans la Régence; c'est de bonne foi, si l'on veut, qu'elle s'y entête : les ambitions des peuples jeunes, que la fortune a gâtés, sont toujours d'une bonne foi naïve; mais c'est une thèse que le gouvernement, — quel qu'il soit, — qui répond de la sécurité de l'Algérie, ne saurait admettre sans trahison. Les gouvernements ont le dépôt des intérêts permanents des pays; ils en portent la responsabilité devant la patrie et devant l'histoire, et c'est pourquoi ils sentent et voient plus juste, en ces graves matières, que les partis. Le gouvernement était alors présidé par M. de Freycinet. En présence de ces hardiesses italiennes, M. de Freycinet n'hésita ni sur la réalité du péril, ni sur la nécessité de la défense. Il fit face à l'assaut dès la première heure. Il fit savoir au gouvernement italien, avec autant de décision que de franchise, comment il entendait et limitait le domaine réservé de l'influence française en Tunisie. En même temps, il prescrivait à son ambassadeur à Londres d'attirer l'attention du gouvernement britannique sur les difficultés qui pouvaient naître des prétentions nouvelles de l'Italie. C'est l'objet de la démarche de M. Léon Say, rapportée dans la dépêche de lord Granville, du 17 juin 1880, citée dans la note III ci-dessus.

Il était impossible de prendre, en présence d'un conflit naissant, dont les conséquences pouvaient être si graves, une attitude plus digne, plus loyale et plus franche. L'accusation de « duplicité » que la presse ennemie, du dehors et du dedans, n'a pas craint de murmurer contre la diplomatie française, à l'occasion des affaires tunisiennes, est plus inepte encore qu'outrageante.

Le gouvernement italien n'a jamais pu se faire la moindre illusion sur le sentiment que la France avait de son droit et sur sa résolution de le défendre. Dans tout l'été de 1880, le gouvernement français a répété auprès du cabinet de Rome les démarches et les avertissements. Comme le disait excellemment l'amiral Jauréguiberry, ministre des affaires étrangères durant l'absence de M. de Freycinet dans une dépêche du 1ᵉʳ septembre 1880 : « Dans l'échange de vues auquel a donné lieu entre les gouvernements de France et d'Italie l'affaire qui vient d'être réglée (celle du chemin de fer de Bône-Guelma et des concessions nouvelles qui lui assuraient l'accès de la mer, à défaut du tronçon de Tunis à la Goulette adjugé à la compagnie Rubattino), nous n'avons cessé de déclarer avec la plus entière sincérité que nous ne sommes animés d'aucun sentiment hostile CONRRE LES ENTREPRISES PRIVÉES DES ITALIENS EN TUNISIE, et que si nous sommes forcés de nous tenir fermement sur la défensive, EN PRÉSENCE DE TENTATIVES SUSCEPTIBLES DE MODIFIER A NOTRE DÉTRIMENT LE *statu quo* POLITIQUE DANS LA RÉ-

GENCE, il n'est jamais entré dans nos vues d'y combattre SUR LE TERRAIN DU COMMERCE ET DE L'INDUSTRIE DES PARTICULIERS le développement normal des concurrences étrangères. » (*Livre jaune* de 1881, n° 168.) Tel était le programme de M. de Freycinet, tel fut celui de M. Barthélemy Saint-Hilaire. Le cabinet du 23 septembre 1880, qui a eu l'honneur de défendre ce programme et de le faire définitivement prévaloir, ne s'en est pas écarté un seul instant. Toute son activité fut purement défensive. De concession d'affaires nouvelles, il n'en a sollicité ni appuyé aucune; aucune entreprise privée italienne ne l'a trouvé sur son chemin. Mais il n'a lâché pied ni sur le monopole télégraphique, ni sur les chemins de fer concédés. C'est là précisément que dès le printemps de 1880 les Italiens avaient mis le siège. L'année s'était écoulée en marches et contre-marches, en travaux d'approche. Mais dès les premiers jours de 1881, on donnait l'assaut. Sans l'autorisation du gouvernement beylical et au mépris de ses injonctions formelles, la compagnie Rubattino établissait une ligne télégraphique sur son chemin de Tunis à la Goulette. (*Livre jaune*, n°ˢ 179, 180, 181, 182.) Bientôt après, elle portait ses poteaux télégraphiques en dehors de la gare de Tunis et jusqu'au canal de la Marine (22 mars 1881) sans que le gouvernement français pût opposer à une usurpation aussi manifeste autre chose qu'une protestation impuissante; — tandis que le consul général d'Italie obtenait du Bardo l'ordre de suspendre les travaux de la ligne de Tunis à Sousse, dont la compagnie de Bône-Guelma était régulièrement concessionnaire (5 avril 1881, *Livre jaune*, n°ˢ 191, 195, 196, 206, 209, 211, 213), pour favoriser la résurrection frauduleuse d'une concession italienne depuis longtemps éteinte et périmée.

Dans le même temps, la polémique du *Mostakel*, dont on ne niera plus, j'espère, la filiation directe avec le consulat d'Italie, depuis la publication du dossier Bokhos, redouble de violence contre la France; des manifestations antifrançaises se préparent, sous le prétexte et le couvert de l'arrivée à Palerme de S. M. le roi d'Italie; le conflit politique touche à la note aiguë; ce ne sont plus des intérêts parti-culiers, c'est la suprématie économique et politique, c'est l'autorité morale dans la régence qui fait l'enjeu de cette partie, conduite avec tant de vigueur et, en définitive, avec tant de succès par les agents de l'Italie, approuvée évidem-ment par le cabinet de Rome, passionnément suivie et bruyamment encouragée par la presse italienne tout entière.

L'Italie est une puissance jeune, remuante, exigeante envers la fortune, qui lui a prodigué les plus hautes faveurs, hantée par les grands souvenirs, les grands noms et les grands rêves. Elle est à Rome, il lui siérait d'être à Carthage. Pourquoi ? Parce que c'est Carthage; Carthage répond à tout et tient lieu d'autre preuve. Après l'*Italia irredenta*, l'utopie carthaginoise. Où s'arrêtera-t-on dans cette poli-tique rétrospective ? Si Carthage est une raison, pourquoi pas Hippone ? S'il y a 8,000 Italiens en Tunisie, on en compte plus de 16,000 dans la province de Constantine. Si ces préoccupations sont entrées dans l'esprit français, à qui la faute? Et trouve-t-on que l'attitude des journaux italiens soit de nature à les affaiblir?

NOTE VIII

**Situation d'effectif du corps expéditionnaire à la date
du 8 juin 1881.**

(Dépêche du général Forgemol du 10 juin.)

Quartier général : 46 officiers, 383 hommes, 171 chevaux, 198 mulets.

Division Delebecque : état-major, 22 officiers, 167 hommes, 143 chevaux, 57 mulets.

Brigade Caillot : 130 officiers, 3,771 hommes, 125 chevaux, 415 mulets.

Brigade Vincendon : 167 officiers, 4,681 hommes, 303 chevaux, 479 mulets.

Brigade Galland : 148 officiers, 4,092 hommes, 137 chevaux, 386 mulets.

Brigade Logerot : 151 officiers, 3,660 hommes, 465 chevaux, 689 mulets.

Brigade Gaume ; 65 officiers, 868 hommes, 937 chevaux, 34 mulets.

Brigade de Brem : 82 officiers, 2,130 hommes, 522 chevaux, 81 mulets.

4ᵉ brigade, général Bréart : 244 officiers, 6,669 hommes, 1,247 chevaux, 1,209 mulets.

Kef : 46 officiers, 1,274 hommes, 127 chevaux, 130 mulets.

Gardimaou : 20 officiers, 496 hommes.

Béjà : 9 officiers, 325 hommes, 3 chevaux, 4 mulets.

Soukahrras: 2 officiers, 120 hommes, 82 chevaux, 60 mulets.

Tabarque : 60 officiers, 1,516 hommes, 95 chevaux.

Total général : 1,202 officiers, 30,152 hommes, 4,357 chevaux, 3,742 mulets.

Troupes envoyées de France en Tunisie.

(Première expédition.)

1re Brigade...............	202 officiers	4987 hommes.
2e —	191 —	5245 —
3e —	189 —	5247 —
Brigade de réserve........	258 —	6587 —
Détachement de Tabarque..	54 —	1550 —
TOTAL.........		23616 hommes

sur lesquels ont été laissés en Tunisie :

1re Brigade................	44 officiers	1112 hommes.
2e —	91 —	2772 —
3e —	89 —	2890 —
Brigade de réserve..........	80 —	3477 —
Détachement de Tabarque...	34 —	1109 —
TOTAL.........		11360 hommes

et envoyés en Algérie :

1re Brigade (1 batterie)....	4 officiers	177 hommes.
2e —	3 —	695 —
(1 section de munitions et divers).		
3e —	3 officiers	695 —
(1 section de munitions et divers).		
Brigade de réserve........	27 officiers	585 —
(cavalerie et train.)		
TOTAL.........		2152 hommes.

Ce qui donne, en nombre rond : 10,000 hommes rapatriés en France lors de la dislocation.

Troupes d'Algérie envoyées en Tunisie.

Les troupes envoyées d'Algérie en Tunisie pour la première expédition, comprenaient :

> 6 bataillons de zouaves.
> 5 bataillons de turcos.
> 1 bataillon d'infanterie.
> 3 escadrons de cavalerie.
> 2 escadrons de spahis.
> 5 1/3 batteries d'artillerie.
> 4 compagnies du génie.
> 4 compagnies du train.

Soit un effectif total de : 8200 hommes.

A la fin de l'expédition, toutes ces troupes furent ramenée dans la colonie, où leur présence était nécessaire (affaire d Saïda, le 11 juin), à l'exception seulement de 1 escadron d spahis, de 1 batterie d'artillerie et de 2 compagnies du génie, aux dates suivantes :

13 juin, embarqués : 2 bataillons du 1er tirailleurs (Alger).
13 juin, — 2 bataillons du 2e tirailleurs (Oran).
19 juin, — 1 bataillon du 2e zouaves (Oran).
19 juin, — 1 batterie d'artillerie (Oran).
21 juin, — 1 bataillon de zouaves (Alger).
1er juillet, — 1/3 batterie d'artillerie (Alger).
1er juillet, — 4 compagnies du train (Alger).
4 juillet, — 1 compagnie du génie (Alger).
8 juillet, — 2 bataillons de zouaves (Alger).
8 juillet, — 1 compagnie du génie (Alger).
13 juillet, — 1 batterie d'artillerie (Alger).

Le reste, c'est-à-dire 4 bataillons, 4 escadrons et 2 batteries, à destination de la province de Constantine, repassa la frontière, le 28 juin, avec le général Forgemol.

Général Forgemol au ministre de la guerre.

Télégr., 2 juin 1881.

Le général commandant le 19ᵉ corps m'ayant prescrit de faire passer par lui le rapport que vous m'avez demandé sur les points occupés et la répartition des troupes entre ces points, je vous adresse le résumé de ce rapport.

Points à occuper : Bizerte, Mateur, Béja, Manouba, Tabarque, Fernana, En-Chir, Ghardimaou, Kef. Aïn-Draham n'aurait qu'une maison de commandement : entre les huit postes ou places, il y a réparti quatorze bataillons, six escadrons.

Je propose pour :

Bizerte. . . .   2 bataillons.
              1 batterie à pied.
              1/2 compagnie du génie.
Mateur. . . .   1 bataillon et demi.
              1 escadron.
              1 section de 80.
              1 détachement du génie.
Béjà. . . . .   1 bataillon.
              1 escadron.
              1 section de 80.
              1 détachement du génie.
Manouba . .   2 bataillons et demi.
              1 escadron.
              1 batterie de 90.
              1 section de 90.
              1/2 compagnie du génie, fournissant les déta-
                 chements de Mateur et de Béjà.
Tabàrque . .   2 bataillons.
              1 section de 80.
              1 peloton du génie.
Fernana. . .   1 bataillon et demi.
              1 escadron.
              2 sections de 80.
              1 peloton du génie.

En-Chir	1/2 bataillon.
Ghardimaou.	1/2 escadron.
	1 section de 80.
	1 détachement du génie fourni par le Kef.
Kef	3 bataillons.
	1 escadron et demi.
	1 batterie de 90.
	2 sections de 80.
	1 peloton du génie.

Je ne serai en mesure de faire les propositions pour les services administratifs, ambulances, etc., que quand vous aurez fixé le chiffre de chaque garnison.

Les chemins de Fernana à la Calle, Béjà, Souk-el-Arba sont faciles et en grande partie carrossables. J'ai prescrit au général Delebecque de faire ouvrir des chemins muletiers, les seuls possibles entre Tabarque et Fernana, par Aïn-Draham, et de Sidi-Fatafla à El-Aioum par le même point.

Le ministre de la guerre au général Saussier.

Télégr., 3 juin 1881.

Envoyez-moi d'urgence avec votre avis le projet d'occupation de la Tunisie établi par le général Forgemol.

J'approuve l'occupation des points suivants avec les garnisons ci-après :

Bizerte.......	2 bataillons.
Mateur......	1 batterie à pied.
	1 bataillon.
	1 escadron.
	1 section de montagne.
Béjà.........	2 bataillons.
	1 escadron.
	1 section de montagne.
Manouba....	2 bataillons, 1 escadron.
	1 batterie montée.
	1 section de montagne.

Enfin une compagnie du génie répartie entre ces quatre points, qui seront placés sous le commandement du général Maurand.

Point central chez les Khroumirs, Aïn-Draham, 3 bataillons, 1 batterie de montagne. Les spahis de la colonne Delebecque, 1 compagnie du génie.

Tabarca, 2 bataillons, 1 section à pied, 1 section de montagne et le détachement du génie qui s'y trouve.

Fernana, 1 bataillon, 1 escadron, 1 section de montagne.

Ghardimaou, 1 bataillon de tirailleurs, 1 escadron et une section de montagne.

Kef, 2 bataillons, 1 escadron, 1 batterie montée et 1 section de montagne.

Enfin une compagnie du génie, répartie suivant les besoins entre Ghardimaou et Fernana et fournissant un détachement au Kef. Ces cinq derniers points d'occupation seront sous le commandement du général Caillot.

Quant aux services administratifs, je ne pourrai en déterminer la composition que lorsque vous m'aurez fait connaître votre avis sur l'installation des troupes précédentes.

Je dois vous dire, dès maintenant, que vos convois de ravitaillement devront se faire par la marine, les chemins de fer et les mulets du pays. Il ne pourra vous être laissé des mulets de France que pour l'artillerie, les ambulances, les sections télégraphiques, etc.

Je compte vous laisser pour le moment 3 régiments de cavalerie, sauf à en faire rentrer un à l'automne.

Il importe que les chemins faits à travers le pays des Khroumirs soient carrossables.

Quelques lieutenants-colonels seront nécessaires pour commander les principaux postes.

J'y pourvoirai par des nominations d'officiers supérieurs actuellement en Algérie.

Général commandant le 19ᵉ corps au ministre de la guerre.

Télégr., 6 juin, 11 h. 20.

Je comptais recevoir les propositions du général Forgemol sur la répartition des troupes d'occupation de Tunisie et vous les transmettre avec mon avis. Ces propositions ne m'étant pas encore parvenues, pour éviter tout retard, je vous envoie les miennes. Tous les points seraient occupés dans les conditions indiquées par votre télégramme du 3 courant nº 2151, sauf les modifications suivantes : la nouvelle brigade Maurand pourrait comprendre un escadron de plus ; au lieu de mettre deux bataillons à Bizerte, il conviendrait mieux d'en placer deux à Mateur, point plus central, où résiderait le général. Cette brigade aurait les troupes de la brigade Maurand actuelles et celles de la brigade de Brem ; les bataillons de chasseurs seraient placés l'un à Mateur, l'autre à Manouba ; la nouvelle brigade Caillot comprendrait un bataillon du 96ᵉ, un du 83ᵉ, les troupes de la brigade Galland et celles de Tabarque ; le 29ᵉ bataillon de chasseurs semble devoir être placé à Aïn-Draham, point central où résiderait le général. Les troupes du génie du corps d'occupation seraient des compagnies venues de France, les compagnies d'Algérie devant reprendre leur destination ancienne. Le 3ᵉ régiment de cavalerie laissé en Afrique jusqu'à l'automne pourrait être utilement placé à Soukahrras. En raison de l'insalubrité de Tabarque, il y aurait peut-être lieu de n'y mettre que des compagnies qui y seraient fréquemment relevées.

Général commandant le 19ᵉ corps au ministre de la guerre.

Télégr., 8 juin, 11 h. 20.

Mes propositions au sujet de l'emplacement des troupes d'occupation de la Tunisie ne diffèrent que sur deux points de celles du général Forgemol : 1º celui-ci aimerait mieux placer deux bataillons à Bizerte qu'à Mateur. Comme il connaît mieux la situation que moi, je n'insiste pas; 2º le général Forgemol pense que le général commandant cette région devrait résider à Manouba. Je persiste à croire qu'il y serait trop éloigné de ses autres troupes. Il vous appartient de décider.

Troupes envoyées en Tunisie.

(Deuxième expédition.)

			Hommes
9 juill...	Tunis.......	4 bat. (71e, 93e, 136e, 137e).	2000
		dirigés ensuite sur Sfax.	
13 juill...	Tunis.......	1 bataillon (77e)	450
		dirigé ensuite sur Sfax.	
21 juill...	Tunis.......	2 bataillons (107e, 114e)...	1000
		dirigés ensuite sur Gabès.	
	Tunis.......	1 bataillon (78e)..........	500
		dirigé ensuite sur Djerba.	
	Tunis.......	1 batterie (35e)..........	188
		partagée entre Sfax et Gabès.	
24-26 juill.	Tunis.......	2 comp. du train (6e brig.).	180
27 juill...	Tunis.......	2 bat. (25e, 55e) (6e brig.).	1030
28 juill...	Tunis.......	1 bat. (135e) (6e brigade)..	500
29 juill...	Tunis.......	1 comp. du génie (6e brig.).	141
		partagée entre Sfax, Djerba, Gabès.	
31 juill...	Bizerte	2 bat.(65e,28echas.)(6e brig.)	1000
	Tunis.......	2 batt. (31e, 95e) (6e brig.)..	360
		1 bataillon (125e) (6e brig.).	515
1er août...	Tunis.......	1 bataillon (6e) (6e brigade).	500
31 août...	La Goulette.	3 bataillons (80e, 114e, 118e)	1500
6 sept...	Sousse......	3 bataillons (66e, 116e, 48e).	1500
4 sept...	Sousse......	1 batterie (33e)..........	185

Report...... 11.549

		A reporter....	11.549
1er sept...	Tunis.......	3 bataillons (33e, 43e, 110e).	1.500
		Ouvriers et infirmiers....	125
11 sept...	Tunis.......	3 bataillons	1.500
12 sept...	Tunis.......	2 escadrons (1er hussards),	360
		1 bataillon du 127e.......	515
14 sept...	Tunis.......	2 bataillons (8e, 73e)......	1.200
		2 batteries (31e, 33e)......	360
		1 escadron (1er hussards)..	125
		Divers	150
16 sept...	Tunis.......	1 comp. du génie (3e bat.).	128
		Section télégraphique....	44
		Complément 1er hussards.	85
		1 batterie (34e)...........	188
		Ambulance de la 6e brigade.	128
		Brigade topographique...	14
20 sept...	Tunis.......	1 batterie (34e)..........	180
		Convoi de la 6e brigade..	234
25 sept...	Sousse......	2 bataillons (10e, 138e)...	1.040
		1 comp. du génie (11e bat.).	124
27 sept...	Sousse......	1 bataillon (23 chasseurs).	509
		1 escadron (6e hussards)..	189
		1/2 batterie (32e).........	90
		État-major de la 7e brigade.	17
28 sept...	La Manouba.	2 bataillons (111e, 61e)....	1.128
	Sousse......	1 bataillon (62e)..........	534
		2 escadrons (6e hussards).	307
		1 batterie (29e)..........	187
		États-majors et services..	118
30 sept...	Sousse......	1 bataillon (46e)..........	549
		1 batterie (10e)..........	188
		Divers....................	9
3 oct	La Goulette.	Gendarmerie mobile.....	99
		Divers	25
5 oct	La Goulette.	Train et divers	127
	Sousse......	Ambulance et convoi.....	300
7 oct	Tunis.......	Parc d'artillerie..........	97
		Report........	24.022

		A reporter.....	24.022
9 oct....	Sousse......	1/2 batterie (32e).........	118
		Parc....................	97
10 oct....	Tunis.......	3 bataillons (1er, 84e, 101e).	1694
		Section de munitions.....	179
		Divers.................	28
	Sousse......	1 comp. des chem. de fer.	205
12 oct....	Tunis,......	Train et gendarmerie....	160
	Sousse......	Train et télégraphes......	60
17 oct....	Tunis.......	3 bat. (87e, 119e, 128e)....	1.698
19 oct....	Tunis.......	Train.................	90
21 oct....	Tunis.......	Train.................	89
24 oct....	Tunis.......	Télégraphistes..........	30
	Sousse......	Section de munitions....	130
		Train.................	10
25 oct....	Tunis.......	3 bataillons (130e)........	1.627
		1 batterie (27e)...........	184
		TOTAL.........	30.421

NOTE IX

———

Lorsque Khérédine obtint de la Porte, en faveur du bey
de Tunis, la confirmation du droit de succession pour les
membres de sa famille, son souverain lui accorda une pension viagère de 75,000 piastres « en récompense des services
signalés qu'il a rendus au gouvernement de son maître et
au royaume ».

L'année suivante, le bey, « reconnaissant que l'état des
choses pourrait apporter un retard au payement des arré-
rages de cette pension, » donne en échange à Khérédine la
propriété du domaine de l'Enfida « *pour qu'il en jouisse et
dispose comme d'une propriété absolue* (Melk) ».

Le décret (amra) qui réalisait cette donation fut envoyé au
comité exécutif de la commission financière, — véritable
ministère des finances du bey de Tunis, présidé par un in-
specteur des finances français, M. Villet, — qui *approuva*
l'échange et fit rayer le demaine de l'Enfida (hexchir) de la
liste des biens du beylik. (D'après les conventions interna-
tionales, le consentement du comité exécutif est nécessaire
pour tout emprunt, pour toute aliénation du domaine beylical, etc.)

C'est seulement au mois de novembre 1880 que le général
Khérédine reçut des propositions d'achat d'un syndicat de
généraux et de capitalistes tunisiens ; l'Enfida était vendu à
la Société Marseillaise depuis le 5 avril. La réponse de Khérédine mérite d'être citée :

S. A. Khérédine Pacha à Clot-Bey, son mandataire.

Constantinople, le 29 novembre 1880.

Mon cher Clot-Bey,

Par la poste d'avant-hier m'est parvenue une lettre collective de MM. le général Mhammed-Mrabet, le général Baccouch, le général Arbi-Zarouch, le général Hamida-Ben-Ayet, le général Hassen-Gellouli, le général Sadek-Bahrbach-hamba, le colonel Ali-Jouine, le schikh l'Ourteni et le receveur général kaïd Eliaou-Semama. Avec cette lettre ces messieurs me demandent à acheter mes biens vendus à la Société Marseillaise, dans le cas où elle renoncerait à cet achat, en me payant le même prix que ladite Société m'en a donné. Ma réponse, que vous devez deviner, a été que, lorsque je me suis décidé à réaliser mes biens, j'ai voulu les vendre aux Tunisiens de préférence sur qui que ce soit; et, dans ce but, je leur ai fait toutes les facilitations; mais ceux-ci n'ayant pas répondu à mon désir, j'ai vendu toutes mes possessions à la Société Marseillaise, qui est aujourd'hui propriétaire exclusive, ne restant plus à remplir que les formalités de fait pour la livraison, et je me trouve avoir déjà donné des ordres à mes agents depuis longtemps pour les accomplir.

J'ai reçu en même temps une lettre du premier ministre tunisien, me déclarant, de la part de S. A. le bey, que les bruits répandus sur l'intention du bey de me contester la propriété de l'Enfida sont complètement infondés, et qu'au contraire Son Altesse a toujours voulu respecter ce qu'elle m'avait donné.

J'ai répondu, en remerciant Son Altesse de cette décision qui maintient ses actes souverains, en ajoutant que, dans le cas contraire, on ne serait |arrivé qu'à se donner du tort sans parvenir à aucun résultat.

J'ai répété conséquemment, par ce courrier, l'ordre à Morali de hâter la rédaction de l'acte de vente de tous mes biens à la Société Marseillaise, en toutes bonnes formes devant notaire public, et dans le cas que celui-ci se refusât à la rédaction de cet acte, de vous en avertir pour que vous puissiez agir d'après mes instructions du 15 courant.

En même temps, j'ai reçu, par ledit courrier, une lettre confidentielle du cité premier ministre tunisien, dans laquelle me prie d'accepter la demande des Tunisiens qui veulent acheter mes biens.

Je lui ai répondu également que c'était trop tard, car mes biens sont vendus à la Société Marseillaise.

Veuillez communiquer le contenu de cette lettre confidentiellement à M. Roustan.

Agréez mes salutations amicales.

Signé : KHÉRÉDINE.

FIN

Paris. — Imp. Gauthier-Villars, 55, quai des Grands-Augustins.